化工产业园区风险场与安全容量研究

刘家喜　阎卫东　孙　丽　许开立　李　畅　于嘉汛　著

中国建筑工业出版社

图书在版编目（CIP）数据

化工产业园区风险场与安全容量研究 / 刘家喜等著
. — 北京：中国建筑工业出版社，2020.8
ISBN 978-7-112-25659-4

Ⅰ. ①化… Ⅱ. ①刘… Ⅲ. ①化学工业-工业园区-
安全管理 Ⅳ. ①F407.7

中国版本图书馆 CIP 数据核字（2020）第 237759 号

本书基于剩余安全容量、风险管理指数和脆弱性指数的化工园区安全水平三维风险动态分级模型。提出了化工园区整体安全规划的技术方法，构建了化工园区安全准入的判定程序，为园区企业安全布局和土地利用规划提供有力依据，也为预测化工园区未来安全发展趋势奠定了基础。

责任编辑：杨　杰
责任校对：王　烨

化工产业园区风险场与安全容量研究

刘家喜　阎卫东　孙　丽　许开立　李　畅　于嘉汛　著

*

中国建筑工业出版社出版、发行（北京海淀三里河路 9 号）
各地新华书店、建筑书店经销
北京鸿文瀚海文化传媒有限公司制版
北京建筑工业印刷厂印刷

*

开本：787 毫米×960 毫米　1/16　印张：6½　字数：124 千字
2021 年 4 月第一版　　2021 年 4 月第一次印刷
定价：58.00 元
ISBN 978-7-112-25659-4
（35714）

前　言

化工园区是资源管理利用高效的产业聚集地,但由于其占地面积大、性质复杂、园区内不确定因素多,在促进当地社会经济发展的同时,也严重威胁园区和周边环境的安全。因此,研究化工园区中的安全风险问题是园区管理的必然要求。本书基于对化工园区安全问题的广泛调研与分析,以量化化工园区中可能发生的重大事故(灾难)的风险和园区风险承载能力为视角,将系统安全理论与定量风险评价理论有效融合,研究了化工园区风险及脆弱性分析、空间风险场及多米诺效应、化工园区安全容量、风险管理指数和脆弱性指数、化工园区安全规划等。

首先,本书从发现化工园区发展中的安全问题着手,基于历年国内外化工园区重大事故特征,从化工物质、化工工艺和化工设备三个方面详细分析了造成火灾爆炸的主要原因和影响因素。而事故的发生是由危险源和承灾体二者共同作用的结果。因此,又对园区内人员、设施、环境三类承灾体在与意外释放能量接触时所表现出来的脆弱性进行了分析,得出人员暴露密度和位置,个人防护状况和接受培训程度与人员脆弱性的关系;设施暴露密度、位置和抗火抗爆能力与设备脆弱性的关系;环境暴露比例和位置、环境重要性和恢复能力与环境脆弱性的关系等。并找出事故、风险与脆弱性之间的联系,为化工园区风险安全容量分析打下理论基础。

然后,本书基于三维定量风险理论和场理论,结合空间风险场、风险源场等概念,引入个人风险场和社会风险场等,并构建了化工园区个人风险场的计算模型及其叠加方法。基于场理论,对风险强度场的概念及数学表达式进一步分析,得出了风险强度场的通量和散度的数学表达式及其物理意义。风险强度场的通量表示产生风险强度场的源头的大小,也即风险源场总风险的大小;而散度则表示场中 M 点处通量对体积的变化率,若 M 点在风险源场内,则其散度可表示风险源场单位体积风险的大小,称为风险源场的强度。这是风险场中两个非常重要的物理量。

研究了化工园区多米诺效应的风险分析流程和事故多米诺效应的辨识方法,并分析了二次设备的损害概率计算模型以及多米诺场景的个人风险模型。研究了基于网格矩阵法的风险场叠加计算方法,给出风险场等值面生成的机理。

针对化工园区的风险管理和脆弱性,分别定义了化工园区风险管理指数和脆弱性指数，并构建了评价指标体系，并对各评价指标的选取和量化进行详细的分析，探讨了基于模糊模式识别和层次分析法的安全指数计算方法。在此基础上，结合化工园区安全功能区的相关理论，提出风险安全容量的概念，并定义了固有安全容量和现实安全容量，进而提出剩余安全容量的概念，并描述了这些安全容量相关概念的数学计算模型，最后构建出化工园区安全容量评估模型，补充完善了化工园区安全容量的理论体系。

为了量化评估化工园区整体安全水平，结合化工园区风险安全容量评估模型和相关概念，研究了基于剩余安全容量、风险管理指数和脆弱性指数的化工园区安全水平三维风险动态分级模型。提出了化工园区整体安全规划的技术方法，构建了化工园区安全准入的判定程序，为园区企业安全布局和土地利用规划提供有力依据，也为预测化工园区未来安全发展趋势奠定了基础。

全书共分 7 章。第 1 章是对化工园区安全的基本介绍，是全书的铺垫；第 2、3 章是对化工园区脆弱性和风险场的理论分析；第 4、5 章是对化工园区安全容量和安全管理的方法分析；第 6 章是对化工园区整体安全规划的技术分析；第 7 章结论。本书由刘家喜主要撰写整理，其中第 1、2 章由阎卫东、张瑞撰写，第 3 章由孙丽、李畅撰写，第 4、5 章由刘家喜、许开立撰写，第 6 章由于嘉汛撰写，第 7 章由刘家喜撰写。全书最后由刘家喜统稿并校稿。

本书的研究工作得到了辽宁省重点研发基金（2019JH2/10300054）、辽宁省教育厅项目（lnqn202005）、辽宁省结构智能化与安全技术重点实验室建设（1900329）、公共建筑安全保障技术研究（创新团队）（XLYC1908032）的资助，特此向支持和关心作者研究工作的所有单位和个人表示衷心的感谢。书中有部分内容参考了有关单位或个人的研究成果，均已在参考文献中列出，在此一并致谢。最后，作者水平有限，书中错误和缺点在所难免，欢迎广大读者不吝赐教。

作者

2021 年 1 月

目　录

第1章 概述

1.1 研究背景

1.1.1 化学工业园发展概况

化学工业园（chemical industrial park 简称"化工园区"）是指主要基础为石油化工产业，且产业密切联合、各加工体系原料互供、共用公用工程、有完善物流、统一治理环境污染、统一规范安全管理、资源高效利用的产业聚集地[1]。

20 世纪，世界各国的石油化工产业布局都很分散，但随着行业市场竞争越来越激烈，不得不缩减成本以最经济的模式发展。因此，发达国家最先把化工企业聚集，形成集中的大型化学工业园。由于交通条件优越，大部分化工园区都在沿海港口附近建设，通过综合协同和优化，园区内各企业上下游原料以管道互供，使生产成本降到最低；公用工程统一建设，"三废"集中处理，安全管理和消防应急也统一规范，将环境影响和事故风险降到最低限度，大幅提高了企业竞争力。世界主要的大型石化基地有美国墨西哥湾化工区、比利时安特卫普化工区、韩国丽川化工区、新加坡裕廊化工区、荷兰的鹿特丹、德国路德维希化工区等[2]。

我国的化工园区建设较晚，20 世纪 90 年代开始，化工企业在环境保护和新一轮产业结构调整的双重压力下，向集团化、大型化转化。随着我国沿海地区的快速发展，凭借巨大的市场和良好的港口环境，以及坚实的化工产业基础和较好的公用工程等配套条件，建立了一系列化工园区[3]。根据中国石油和化学工业联合会的调研统计，截至 2015 年年底，全国重点化工园区或以石油和化工为主导产业的工业园区共有 502 家，其中国家级 47 家，省级 262 家，地市级 193 家。502 家化工园区中产值超过千亿的超大型园区 8 家，产值在 500 亿～1000 亿的大型园区 35 家，工业总产值达到 3.3 万亿元，占化工园区工业总产值的 49.9%。2015 年我国化工园区的工业总产值占到石油和化学工业总产值（不含石油和天然气开采、化学矿采选业、专用设备制造业）的 56%。我国主要的化工园区有上海化学工业经济技术开发区、惠州大亚湾经济技术开发区、南京化学工业园区、宁波石化经济技术开发区、淄博齐鲁化学工业区、江苏扬子江国际化学工业园、扬州化学工业园区、沈阳化工园区等[4]。

（1）化工园区分类

建设化工园区对我国化工行业发展起到至关重要的作用，是我国石化工业实现大型化、集中化发展的基本特征。我国化工园区按照发展模式大致可分为四种类型[5]，具体见表1.1。

化工园区发展模式分类　　　　　　　　　　　　表 1.1

The classification of development pattern on chemical industry park　Tab. 1.1

类型	特点	典型园区
大型联合生产型	这类园区一般规模较大，以世界级规模炼油乙烯装置为龙头，以产业和产品链的衔接为纽带，统一规划，建设公用工程岛，水电热气集中供应。大多建在大型港口或是航空港等交通、物流便利的地区	上海化学工业区、天津临港工业区、南京化工园区、海南洋浦经济开发区等
联合组团精细型	这类化工园区一般规模较小，但其有丰富的煤、铁矿、天然气等资源和已具备的化工产业优势，向煤化工、天然气化工、精细化工、油脂化工基地等方向发展，以精细或专用化学品以及非大宗合成材料为主，大都各具特色	四川泸州"西部化工城"；南通经济技术开发区生产特种有机原料；泰兴化工园区开发碱、氯产品；常熟国际氟化工园区；张家港经济开发区开发合成材料等
城市集中共生型	这类化工园区是将原来分散在城区的老化工企业，按照城市发展规划集中搬迁到指定的化工园区。这些园区既符合城市总体规划的要求，也符合企业发展的需要	天津开发区化学工业区、沈阳化工园区、河北沧州临港化学工业园等
核心企业扩张型	这类化工园区一般在内陆地区，以原有企业为基础，扩张建设的化工园区。这类园区具有扎实的产业基础、鲜明的产品特色	上海焦化有限公司、齐鲁化学工业园等

（2）国内外化工园区的主要特点

化工园区的发展主要以石油化工的发展为依托，具有独特的内在特征，主要体现在以下四个方面[6]：

① 良好的地理优势，交通运输便利，配套设施完善，关联产业发达。

国内外大型的化工园区基本都设在便于大型油轮停靠和原料、产品进出的港口地区，例如日本化工园区、韩国的蔚山及丽川化工园区和我国南京化工园区、上海化工园区都有大港口作依托，便于原料和产品进出；相互之间相隔不远，很适于在外发展石化工业的发展战略。

比利时安特卫普化工坐落于安特卫普港，园区外公路、铁路、水路等四通八达，园区内上下游产品及其配套设施完备，公用工程网络齐全，其以欧洲市场为重点辐射全球市场，是欧洲石化最主要的生产中心之一。

另外，化工园区内产业关联性强，以利于进一步优化资源的利用、协同发展。

② 装置大型化，产业集中度高，规模效应突显

国内外化工园区逐渐趋于装置大型化、产业集中化、经营集约化的特点，成为当地石化产业及其关联的主要聚集地。大型石化公司汇聚于此，装置规模大且处于行业领先水平，具有产业集中度高、产能大、单位面积产出高的优势。

美国墨西哥湾聚集了来自世界各地的大型石油石化公司，销售收入占美国石化工业的四分之一，炼油能力占美国近半，乙烯生产占比更是达到 95%。

③ 扬长避短，突出自身优势，加强特色化建设

随着社会的不断发展，对化工产品的要求也越来越精细。世界石化产业也相应进行结构调整，使产业格局和产业分工发生了深刻变化。

欧美日等成熟市场为不断满足本地市场对化工产品在各方面的更高要求和发展高科技产业的需要，率先着重发展精细化、特色化、差别化的有高技术含量和高附加值的产品。而中国、韩国、新加坡等地的化工园区，充分发挥贴近市场优势，在巩固发展大宗石化产品生产的同时，采取引进外资和自主创新相结合的办法，加快产品结构升级的步伐。

④ 采用全方位一体化的建设和生产运行理念

化工园区在建设和生产运行上普遍采用了全方位一体化的理念。园区内不同企业间生产装置相邻互联，管道相连输送，上下游产品互供，生产规模匹配，公用工程和辅助设施集中建设、统一供应服务，使资源得到充分的优化配置和合理利用，降低了运营成本，提高了收益。

（3）化工园区管理模式

我国的化工园区，管理模式基本可归纳为以下三种：即政府主导型、混合协作型、独立公司型[7]。

① 政府主导型管理模式

政府主导型管理模式主要有两种，一种是由当地政府全面领导园区的建设与管理，由政府行业或主管部门的人组成管理委员会，园区内企业的行业管理和日常管理仍由原行业主管部门履行，管委会不直接参与，只负责园区内的消防、公安、卫生等的管理，如图 1.1 所示。

另一种管理模式是由政府在园区设立专门管委会负责管理园区的建设和发展，具有较大的管理权限和相应的行政职能，同时也接受主管部门必要的指导和制约，如图 1.2 所示。

② 混合协作型管理模式

混合协作型管理模式是政府和开发公司混合协作，按开发公司职权不同也可分为两种。一种是在管委会下设一个开发公司，管委会和开发公司在人员设置上相互混合，负责人通常是互相兼任，即是通常所说的"两块牌子，一套班子"。

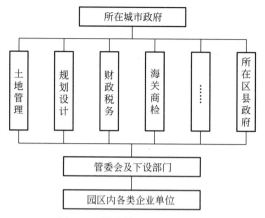

图 1.1　纵向协调型管理模式

Fig. 1.1　The management model of vertical coordination

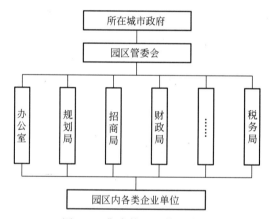

图 1.2　集中管理型管理模式

Fig. 1.2　The management model of Centralization

在这种管理模式下，政府不仅行使规划、审批、协调等行政职权，同时还负责开发建设、资金筹措等具体经营事务。而另一种管理模式的主要区别是开发公司作为独立的法人，从而实现政府的行政权与企业的经营权相分离。而管委会作为政府的派出机构，只起监督协调作用，不干预企业的经营活动。如图 1.3 所示。

③ 独立公司型管理模式

独立公司型管理模式主要是以企业作为园区的开发者与管理者。通过建立开发公司作为法人，承担部分政府职能，组织园区内的经济活动。总公司直接对政府负责，实行承包经营，负责规划管理、建设管理和企业管理等如图 1.4 所示。

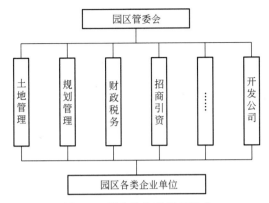

图 1.3　混合协作型管理模式

Fig. 1. 3　The management model of mixed coordination

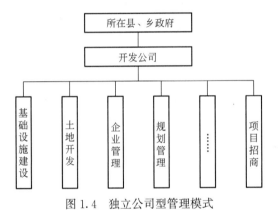

图 1.4　独立公司型管理模式

Fig. 1. 4　The management model of independent company

④ 三种管理模式的比较

综合上述内容,在园区所处不同阶段、不同地区的化工园区所适合的管理模式也有所区别[7],具体见表 1.2。

化工园区三种管理模式的比较　　　　　　　　　　　　　表 1. 2

The comparison of three management modes on chemical industry park　　Tab. 1. 2

管理模式	适用阶段	适用地区
政府主导型	适合于园区建设的初期,进行资源投入和规划时,加强政府的宏观调控职能和工作力度	政府主导型带有计划经济的色彩,适用于经济不太发达或缺乏开发、运作经验的地区
混合协作型	适合于进入正常运营和管理阶段的园区。在此管理模式下,管委会不直接干预企业,只起监督协调作用;开发公司作为独立的法人,进行企业内部的自我管理。混合协作型模式兼顾了行政管理和目标效益	混合协作型则适用于广大中等发达地区

续表

管理模式	适用阶段	适用地区
公司独立型	适合于发展成熟的园区。以效益和服务为目标的管理模式能够有效提高运营效率,提升园区竞争力	公司独立型适用于经济发达,有国际视野的地区采用

（4）化工园区行业发展状况

化工园区与石油化工行业紧密相连,通过石油化工行业企业数量区域分布与资产规模的区域分布来反映化工园区的区域分布情况。从近两年的数据可以看出,我国石油化工企业主要集中在华东地区,2012 年的企业数占比达到50.79%,在全国占有绝对优势地位;排名第二和第三的分别是华南地区和华中地区,占比分别为 19.94%和 8.77%;其他地区企业数占比均在 8%以下,尤其是西北地区,石油化工企业数占比仅为 1.75%[8],如图 1.5 所示。

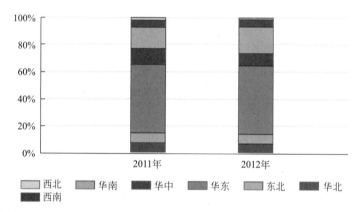

图 1.5　2011～2012 年石油化工行业企业数量区域分布情况（单位:%）

Fig. 1.5　The number of regional distribution about petrochemical
industry enterprises in 2011～2012（mass:%）

2011～2012 年,石油化工行业资产规模分地区来看最多的是华东地区,2012 年华东地区占比达到了 51.69%;其次是华南地区和东北地区,分别占14.44%和 9.25%;其他地区占比均在 9%以下,如图 1.6 所示。

1.1.2　化工园区存在的安全问题

（1）化工事故的典型案例及分析

由于化工园区的建设和发展具有占地大、企业多、不确定因素复杂等特点,化工园区在促进经济发展的同时,也带来了更严峻的安全问题,严重威胁园区和周边环境的安全。历史上,一些重特大化工事故造成了非常严重的后果。

1984 年印度发生一起重特大中毒事故,位于博帕尔市郊一家农药厂甲基异

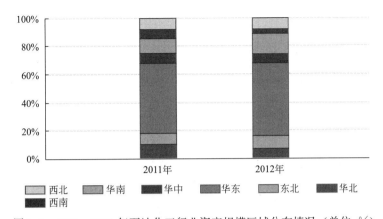

图1.6 2011～2012年石油化工行业资产规模区域分布情况（单位:%）

Fig.1.6 The asset of regional distribution about petrochemical

industry enterprises in 2011～2012（mass:%）

氰酸盐泄露，2500多人中毒死亡，有20多万人中毒致残，近70万人受蔓延毒气的影响。

1984年墨西哥城北郊发生液化石油气槽车爆炸事故，造成死亡544人，受伤1800多人，35万人流离失所，120万人迁移出危险区[9]。

2006年美国位于罗利市郊一家废物处理的化工厂发生火灾。火苗从该化工厂蹿出，引燃了邻近另一家工厂的储油罐，引发了火灾和爆炸。现场连续发生近30次爆炸，爆炸形成的蒸气云高约15m，火苗高达近50m。工厂周围1.6km内的1.7万居民撤离[3]。

我国化工园区主要位于东部沿海地区，人口稠密、经济发达，发生火灾爆炸或泄漏事故，后果将非常的严重。而且园区企业相对密集，使得某个企业若发生重大事故后应急处置不当或不及时，可能会波及相邻企业引发灾难性的多米诺事故连锁效应[10]。近些年来，我国化工重大事故也频繁发生，1989年中石油黄岛油库发生特大火灾爆炸事故，死亡19人，受伤100多人，造成直接经济损失3000多万元；1997年，北京东方化工厂爆炸事故死亡8人，造成重大经济损失；2002年，洛阳发生11t氰化钠溶液泄漏事故；2003年重庆中石油川东钻探公司发生特大井喷事故，243人死亡，6.5万人紧急疏散，造成经济损失9262.7万元；2005年3月29日，京沪高速发生交通事故两车相撞，引发其中一辆车上罐装的35t液氯大量泄漏，共死亡29人，10500多名村民被迫疏散转移，约1.5亿亩农田绝收，造成直接经济损失1700余万元；2005年，吉林一化工厂精馏塔发生爆炸，8人死亡，受伤60人，造成直接经济损失6000余万元，并引发松花江水污染造成极大的水质破坏；2007年，苏州工业园区一精细化工厂管道毒气泄漏，毒气扩散到另外一家相邻的工厂内，导致两家工厂大量员工中毒；2007年，安徽铜陵有一化工厂发生液氯泄漏事件，造成附近数十名村民中毒。

对典型的化工事故从四个方面进行原因分析见表1.3。

典型化工事故的原因分析   表1.3
Analysis of typical chemical accidents   Tab.1.3

序号	典型事故	危险物品量大	企业布局不合理	设施间安全距离不足	应急体系不完善
1	印度博帕尔毒气泄漏事故	中间品有剧毒，量大	工厂距离城市近		没有及时疏散人群
2	墨西哥液化石油气槽车爆炸事故	液化石油气量大	靠近居民楼	储气罐间距小	
3	美国埃佩克斯化工厂火灾事故	危险物品量大	两企业间距不够		没有及时疏散人群
4	黄岛油库火灾爆炸事故	储油量大	靠近居民区和道路	油罐间距小	
5	北京东方化工厂爆炸事故	危险物品量大		设施在人员密集区	
6	重庆井喷事故	硫化氢量大	靠近生活区	设施在人员密集区	没有及时疏散人群
7	吉林双苯厂爆炸事故	危险物品量大	离水源近	储气罐间距小	
8	苏州工业园毒气泄漏事故	危险物品量大	两企业间距不够		没有及时疏散人群
9	安徽铜陵液氯泄漏事故	液氯量大			没有及时疏散人群

由上述分析可知，化工事故造成严重的后果根本原因是其选址、布局不尽合理，与民用设施、居民区等脆弱性环境的安全距离严重不足，缺乏科学的安全规划。通过总结历史案例得出化工事故具有以下特征[11]：

① 危险化学品数量超标

随着现代化工生产规模的大型化、集中化，导致原辅料、中间产品和成品的数量逐渐增加，因而危险化学品贮存量也大大增加。当这些危险化学品的数量超过一定范围时，就成为重大危险源，潜在的危险性非常大。一旦发生事故，就会造成极其严重的后果。

② 企业布局不合理

随着现代城市规模的不断扩大，一些原来远离城区、与周围设施和居民区有较大安全距离的化工企业，周围的空间被渐渐侵占，致使危险化工设施与周边脆弱地区的安全距离越来越小。当发生事故时，极有可能越过企业边界，而对邻近企业产生连锁效应，造成更大的人员伤害和财产损失。

③ 设施安全间距不足

在化工企业内部总平面规划布置时，除了要考虑危险设施与周边地区的安全距离外，还要考虑危险设施之间也要保持足够的安全距离。否则，由于某个设施产生事故，同样会引起多米诺效应，发生二次事故，使之不断升级、扩大。

④ 应急体系不完善

随着化工园区的发展，园区附近人口、财产等密度迅速增加，使得化工园区事故的潜在损失也迅速增加，一旦发生重大事故若不能及时处置得当，后果将不堪设想。因此应建立完善的应急救援体系，制定相关应急救援预案，按期演练并及时更新相关内容。

（2）我国化工园区存在的安全问题

根据上述化工事故的特征，针对化学工业园区以化工生产为主的企业聚集场所的特点和对沈阳化工园区的实际调研得出，目前，我国化学工业园区建设和发展过程中存在的问题如下[12]：

① 化工园区未科学选址，合理布局

我国有些化工园区的选址没有按照科学的程序严格进行，不遵循相关法律法规。比如，有些园区把地址选在易遭受自然灾害（台风、地震、洪水、暴雨等）影响的地区；水源严重不充足地区；缺少公共消防设施的支援的地区等，其选址都存在着严重的安全问题。还有些园区各功能区界限不明晰、事故缓冲带较少或者没有；明火等火源与可燃物的工艺装置安全距离不符合要求；大型生产设备和储存设备过于密集安全距离不够等。这些因素在选址布局中如果未充分考虑，大大增加了园区事故发生的几率。

② 没有统一的安全规划，缺少成熟理论和方法支撑

我国的有些化工园区只有产业规划，没有把安全规划纳入到园区的总体规划体系之中，且园区建设发展大多注重经济效益，缺少科学的安全规划理论和技术方法体系支撑。因此，在建设过程中对安全规划的投入不够，建立有效、完整、适用的化工园区安全规划经验不足，导致先天存在严重的安全问题。

③ 缺少化工园区安全容量分析

化工园区的规模越大，风险越大。因此，园区不能无限制的扩展，它应与

自然环境、经济、社会对灾害的承载能力相协调，应有一定的容量限制。化工园区的安全容量分析一直是地方政府普遍关心的一个重要问题，但目前国内外的研究中尚没有较成熟的关于安全容量的明确含义及其计算方法，仅处于探索阶段。

④ 没有化工园区安全准入标准及制度

我国的大多数化工园区只有环境准入制度，没有安全准入制度。目前化工园区的企业准入更多考虑产业配置和经济效益，对安全问题的考虑仅仅是单个企业的安全评价，忽略了从园区的区域风险和功能区划的要求出发，影响化工园区整体风险的因素集，致使园区处于一种盲目、无序的发展状况。

⑤ 应急体系和应急预案建设不完善

我国绝大多数化工园区在园区整体应急体系、应急预案、应急资源和应急保障等方面都还很不完善。此外，在发生重特大事故时，怎样使"事先"编制好的应急预案变成"可行"的现场应急预案，在时间、技术、法律责任等方面还存在不少问题。

⑥ 化工园区缺乏有效的安全监管模式和技术手段

大部分化工园区没有统一的安全管理机构和专职的安全管理人员，不能统一协调各企业安全管理工作。且没有系统的安全检查和督察手段，安全监管技术以及配套设施也相对滞后，监控平台建设还处于初级阶段，难以满足现实工作的需要。园区重大危险源监控未能实行监控管理系统化、监控技术现代化、监控平台标准化、监控参数多元化[10]。

1.2　研究的目的和意义

1.2.1　研究的目的

本书通过对化学工业园区风险场和安全容量的研究，确立的主要研究目的包括以下四个方面：

① 从区域定量风险评价的角度，为化学工业园区定量风险评价提供一种新的，由二维平面到三维空间的定量风险评价方法体系，从而使之前评价中遗漏的空间风险问题得以重新认识，达到能在区域全方位、立体化进行定量风险分析的目的。

② 建立化学工业园区安全容量分析模型，提高化学工业园区安全规划水平，解决目前我国化学工业园区安全规划落后的状况，对化学工业园区实行从事前、事中、事后整个过程的风险管理。

③ 建立化学工业园区安全准入标准和程序模型，为更好地对化学工业园区

进行风险评价和安全监管提供技术支持。

④ 有助于化学工业园区管理委员会和园区所在市级政府部门对化学工业园区安全生产实行有效的监督管理。

1.2.2 研究的意义

（1）理论意义

目前，化工园区区域定量风险场与安全规划研究还缺乏系统的理论支撑，对化工园区安全容量与脆弱性的研究也还处于起步阶段。本书试图从基于空间定量风险场的角度对化工园区进行风险分析，计算园区的风险总量，并以此作为依据进一步研究园区整体安全容量的评估，各功能区划分，安全规划与安全准入等。从系统安全理论的角度建立化工园区风险管理体系，引入风险管理指数和脆弱性指数的概念，选用三维风险指标法对化工园区风险水平进行动态分级，利用模糊模式识别模型计算各评价指标，这对于进一步实现我国化学工业园区的风险防范、安全生产和应急救援等具有重大的理论指导意义。

（2）实际应用意义

化工园区具有大型企业聚集、资产集中且危险源多样复杂等特点，一旦发生事故往往造成巨大的人员伤亡、经济损失和环境破坏。研究化工园区的风险评估与安全容量分析是许多国家和地区需要解决的一项重要课题，直接关系到化工园区长期、稳定的可持续发展战略和实现社会、经济与环境的平稳发展。本书将研究的化工园区空间风险场理论与安全容量评估方法对化工园区实行规划和管理，可以指导化工园区的安全规划和企业安全准入，找出园区安全规划和风险管理过程中存在的不足，对我国整个化工园区的安全、平稳、可持续发展均有一定的实际指导意义。

1.3 国内外研究现状综述

1.3.1 化工园区三维风险场概述

从国内外研究现状来看，基于"风险"的安全评估方法是得到了越来越多的重视并不断发展和完善。目前区域定量风险评价方法有很多[13-17]，已经广泛应用于化工生产、危险物质运输和有毒物质浓度评估等。针对化工园区的评估方法主要是计算个人风险和社会风险，并确定个人风险等值线和社会风险 F-N 图，依据风险可接受标准确定化工园区中高风险的区域。个人风险评价过程计算量大，一般用专业软件进行计算。常用的定量风险评价软件有 DNV 的 SAFETI 软件、

TNO 风险软件包、SHELL 公司的 SHEPHERD DESKTOP 风险分析软件[18][19]、中国安全生产科学研究院开发的重大危险源区域定量风险评价软件（CASST v2.0）等[20]。

目前基于"风险"的区域评价方法正在从二维平面的"个人风险"评价向三维空间的风险场评价转变。Shahid Suddle 等人研究了多空间的个人风险和社会风险的评价方法[21]；国内中山大学的黄沿波发表了"风险的三维评价方法"和"基于风险场的评价理论研究"，对风险场的评价方法进行的初步的探讨[22][23]；北京劳保所的王妤甜构建了城市三维风险场的数学模型[24]。但是国内外关于三维风险评价方法的论文并不多，尤其是关于化工园区的三维风险场评价的数学方法更是没有研究。本书针对化工园区的基本特征和重大事故，研究化工园区的三维风险评价方法。

1.3.2　化工园区安全容量概述

化工园区由于其化工产业集中、高危特点，造成其本身危险性很大，而化工园区能否无限扩大规模，是否如环境容量一样，也存在安全容量，这是目前很多化工园区建设者、管理者和地方政府面临的严峻问题[25]。为保证化工园区安全发展，近些年国家有关部门出台了一系列相关文件，提出要求化工园区进行安全容量分析。2011 年国家有关部门发布了《石化和化学工业"十二五"发展规划》和《危险化学品"十二五"发展布局规划》，前者提出科学规划园区内危险化学品规模，根据工艺布局和产业链间安全相关性、运输风险等，合理分析安全容量；后者要求对化工园区发展规划以及区内危险物质总量和安全容量进行风险评估，降低多米诺事故概率，实行总量控制，科学合理确定园区产业发展规模。国家安监总局和国务院安委办也相继发布了《关于印发危险化学品安全生产"十二五"规划的通知》和《关于进一步加强化工园区安全管理的指导意见》，要求科学论证化工园区的选址和布局，严格化工园区企业准入条件，科学分析园区安全容量，实施总量控制，降低区域风险，预防连锁事故发生。一些地方政府根据上级部门的指导意见，也制定了相应的化工园区安全容量分析导则[26][27]。虽然上述文件都提到化工园区需进行安全容量的分析和确定，但是目前针对化工园区安全容量的内涵存在较大分歧。中南大学的吴超、谢优贤、余斌斌等[28][29] 对安全容量原理及其内涵做了一系列的研究，提出了安全容量原理的子原理。但是化工园区安全容量到底是什么，如何具体确定还缺乏科学合理、可操作性强的技术方法。目前关于化工园区安全容量公开检索到的文献很少，且都是国内学者在研究；国外相应的提法和相关研究则没有[25]。

关于化工园区安全容量我国目前的研究主要有三种思想：一种是陈晓董等认为"化工园区安全风险容量应是化工园区内危险设施的风险程度处于可以接受条

件下时危险物质的最大容量"[30][31]。把化工园区安全容量定义为一个与风险相关的危险品临界量，即整体风险在可接受风险标准下，综合考虑生产、存储、运输、使用等因素确定的一个危险品的临界量，其实质是探讨从风险的角度转化化工园区危险物质的安全数量。还有一种思想，李传贵等认为"化工园区的安全容量是在园区正常的生产活动、园区人们的正常生活水平不遭受任何损害的条件下，园区能承受的最大危险量"[32][33]。该方法以安全经济学中的危险当量指数作为基础安全容量的计算依据，并引入贡献率的概念用以修正基础安全容量，通过建立贡献率影响因素指标体系，确定各因素的权重和隶属度，从而得到化工园区修正后的最终安全容量。但是表征危险当量指数的指标是化工园区事故统计指标和安全指标等，其安全容量的计算结果尚不具备独立工程应用价值，不能直接用于分析园区的安全状态。第三种思想是叶明珠等提出了企业相对安全容量及化工园区相对安全容量，定义如下[34]：①企业相对安全容量是指化工园区内企业发生可能影响相邻企业的事故时，在一定的可接受安全相关性范围内，事故企业所能容纳的最大危险量。②化工园区相对安全容量是指化工园区内各化工企业相对安全容量的总和。

笔者认同化工园区安全容量是最大可接受风险程度的说法。其实前面所讨论的第一二种思想都提到了化工园区安全容量应当是在风险可接受的条件下，但在具体度量时又偏离开风险的观点，一个归结为危险物质量，另一个归结为各种指标，第三个归结为安全相关性。对安全容量的度量，笔者认为应当采用定量风险值作为度量表征。原因是安全容量要限制的不是危险物质的数量，也不是各类安全指标，而是危险物质重大事故的风险水平。但是，安全容量的内涵也不能简单归为：符合风险可接受标准，则没超容量；不符合标准，则超过容量。因为安全容量分析主要有三个目的，一是确定化工园区安全发展的限度，即控制规模；二是为化工园区合理布局提供依据，即安全规划；三是用于项目入园的安全准入参考，即减少隐患。所以，如何以区域定量风险评价为技术核心，设计一种能充分体现上述内涵的安全容量评估模型是亟待解决的问题。

本书以指导化工园区安全规划为目的，将化工园区先规划后评估模式转化为以安全容量角度提前分析评估企业入园风险，探讨化工园区安全容量基本概念及其评估模型，力图使安全容量转化为规划前的指导依据。

1.3.3 化工园区安全规划概述

国外的园区安全规划其实是土地利用安全规划（load-use safety planning）。荷兰 1963 年颁布《危险物质法》、1998 年颁布《荷兰消防指令》[35][36]，后来又颁布《荷兰重大危险源法令》和《荷兰公共安全法令》，前者主要针对危险设施的管理，后者主要针对危险设施周边的土地利用规划。法国 1976 年颁布《环境法》

（19/07/76 法）[37]、1987 年颁布《风险设施城市应急规划法（22/07/87）》、2003 年颁布了《2003-699 法》[38]，对潜在威胁其邻居和环境的所有活动进行管制。欧盟 1982 年颁布《重大危险指令》[39] 和《Seveso 指令》[40]，1996 年颁布《SEVESO II 指令》[41]，其中第 12 章为土地利用安全规划的规定。英国 1989 年颁布《重大工业设施周边土地利用规划意见》[42][43]。美国 1990 年修订《清洁空气法》规定了危险设施的土地利用安全规划要求，2004 年颁布了《工厂选址与布局指南》[44][45] 管理化工设施的土地利用安全规划。其他国家如新西兰[46]、德国[47]、澳大利亚[48]、加拿大[49]、印度[50]、俄罗斯[51] 等都根据其具体情况制定了有关设施选址、安全规划的法律法规和标准。

（1）基于"安全距离"的方法

早期国外发达国家大多是用该方法进行土地安全规划的。就是在互不相容的区域之间设置适当的安全距离，这些安全距离的大小通常取决于工业生产的类型或储存危险物质的数量，建立与工业类型相对应的安全距离表，类别中分大类和小类，每一类推荐一个安全距离。大类区分工业活动类型，小类区分物质种类，并考虑现存物质的数量和诸如罐形、储存方式等影响因素。该安全距离主要通过历史数据、专家判断、类似装置的操作经验或粗略的后果评估得到[52]。

（2）基于"后果"的方法

20 世纪 70 年代，欧洲发生了几起重大事故，人们开始对预防重大事故高度重视，并从基于"后果"的角度开展了针对重大危险源的评价研究，用于危险设施附近新项目的规划和选址[52]。基于"后果"的方法就是假定某种类型的事故发生，量化评估事故的最大影响范围。该评价方法建立在各种事故后果模型的基础上，如火灾、爆炸、毒物扩散等模型，通过模型计算出事故的死亡或伤害半径作为表征来描述事故的后果严重度，计算得出的伤害半径作为安全规划标准使用。

（3）基于"风险"的方法

基于"后果"的方法主要考虑事故后果的严重程度，而基于"风险"的方法是考虑潜在的事故发生的可能性和后果的严重度两个影响因素。由于该方法加入事故发生频率的计算，因此，在危险性评估方面比基于"后果"的方法更完整。

基于"风险"的评价方法以个人风险和社会风险两个指标作为判定的依据，综合运用概率论与数理统计、系统和可靠性理论及方法、灾害学等学科的理论与技术，确定事故的发生概率和人员的死亡概率。该方法一直是风险评价领域研究的热点和重要的发展方向，涉及的内容非常广泛。中国安科院吴宗之等人[53] 和东北大学佀庆民[3]、崔向梅[54] 等人对本方法进行了初步研究。他们的研究具有一定的理论及实际应用价值，但是他们建立的数学模型及所选用的参数的赋值还不太完善，实际使用起来还有相当的难度。

（4）基于"多米诺效应"的方法

多米诺的概念原出自一种骨牌游戏，后由海因里希首次引入安全理论，称之为多米诺效应，表示一起由危险源引发，同时这个危险源通过火灾（热辐射）、爆炸（冲击波）以及碎片冲击等手段作用于其周边危险源而引发的二次事故[55][56]。加拿大学者 FaisalI. Khan 和 S. A. Abbasi 开发了研究重大危险源发生多米诺效应可能性的软件——DOMIFFECT，并对多米诺效应进行了较深入的研究[57]。自 1982 年欧共体发布《关于工业活动中重大事故危险源的指令》（即"SevesoⅠ"令）开始，欧洲法规要求企业对可能产生多米诺效应的危险源进行评价；之后欧共体的"SevesoⅡ"令要求对工业用地内部及外部的多米诺事件危险源进行评价[3]。国内对于化工园区多米诺效应的研究也是越来越多。2003 年开始东北大学的老师、博硕士研究生就开展了对化工园区危险性、重大事故多米诺效应、园区重大危险源分级等的研究[58-62]。

（5）基于"风险补偿"的方法

华南理工大学陈国华教授等人提出了基于"风险补偿"的方法[63][64]，该方法将区域风险分为区域固有风险和区域实际风险两部分，区域固有风险是重大危险源本身的危险性以及对周围区域的影响程度，以此来衡量区域的危险程度。区域实际风险则是在得到固有风险的基础上进一步考虑区域内应急资源如医疗和消防机构的配置与分布对于减少事故伤亡和降低区域风险的补偿作用。该方法的计算过程与基于"风险"的方法相似，只是在此基础上增加了医疗以及消防机构对风险的补偿作用，使得区域风险评价更趋于完善。

国外很多学者和研究机构对上述几种方法进行了比较[65-70]，认为不同的方法并不具有简明的可比性。基于"安全距离"和基于"事故后果"的方法简单，用于规划的依据仅仅是距离指标，比较适用于单一危险源周边的安全规划问题。而基于"风险"和基于"风险补偿"的方法可以将各种不同类型的事故后果转化为相同的指标——死亡概率，因此更适用于大范围危险设施的区域安全规划。基于"多米诺效应"是研究区域风险的一种特殊情况，可以作为风险评价的补充。

1.4　研究的主要内容和技术路线

1.4.1　主要内容

本书研究的内容主要包括以下六个部分：

（1）首先阐述化工园区风险和脆弱性的相关理论，说明了化工园区风险分析和脆弱性分析的联系。然后从化工园区主要危害、物质危险、工艺危险和设备危险等几个方面分析化工园区的事故特征和存在的主要风险。对化工园区进行风险分析后对其进行脆弱性分析，从人员、设施、环境三个方面详细分析脆弱性的影响因素。基于如上分析，为后面的构建风险场模型和安全容量评估模型奠定坚实的理论基础。

（2）从化工园区风险场及其相关概念出发，探讨化工园区个人风险场和社会风险场的评价模型及其叠加原理；定义延伸出的风险强度场和其场通量、场散度的数学模型。在此基础上，分析风险场的多米诺效应概率计算模型以及基于网格矩阵的风险场叠加评估模型。

（3）首先探讨安全功能区和其划分方法，介绍了化工园区安全功能区及其可接受风险标准。提出风险安全容量和剩余安全容量的概念和数学模型，并构建的基于安全容量的区域风险评价模型，提出基于安全容量的安全指数等概念，为后续的动态分级奠定理论基础。提出基于安全容量的三维风险指标动态分级方法，构建的相应的分级模型。

（4）评估模型中提出的安全指数的评价指标体系以及计算方法。在化工园区风险管理和脆弱性评估研究的基础上，建立适合我国化工园区的风险管理指数评价指标体系，主要包括安全管理法律法规和规章制度、安全管理组织机构、园区整体规划、园区风险管理、隐患排查、安全培训教育、应急救援管理和职业危害8个一级指标和24个二级指标。同时建立脆弱性指数的评价指标体系，主要包括人员、设施、环境3个一级指标和14个二级指标。还介绍评价指标的选取、权重的计算和指标特征值量化等，最后采用基于模糊模式识别的评估模型对两个安全指数进行计算得出结果。

（5）对化工园区安全规划和安全准入进行研究。阐述了安全规划的目的、原则、技术方法等，提出企业安全准入的判定原则和判定程序，分别为：危险源风险评估、多米诺效应分析、风险接受程度和安全准入判定四个步骤。通过对化工园区安全规划和安全准入的分析，可以控制化工园区的规模，减少化工园区的风险总量。

（6）为了更好体现书中提出的理论方法体系的实用性、可行性和可操作性，本书以辽宁省沈阳经济技术开发区化学工业园进行实例应用，证明提出的区域风险分析方法、安全容量评估模型和安全规划安全准入程序等均具有一定的指导作用，为有效的预防化工园区重特大事故的发生、完善和提高化工园区安全管理水平具有十分重要的指导意义。

1.4.2　技术路线

本书在总结前人工作的基础上，根据现有化工园区风险评价的基础理论，提出针对我国化工园区的安全容量相关概念及其评估模型。在书稿撰写过程中，根据研究的主要内容及方法，确定本书研究的主要技术路线见图1.7。

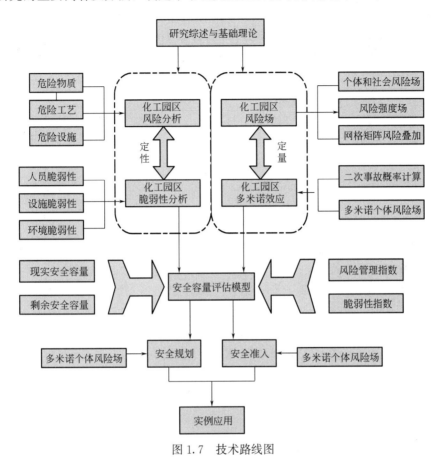

图 1.7 技术路线图

Fig. 1.7 Technical map of study

第2章　化工园区风险及脆弱性分析

2.1　风险及脆弱性相关理论

2.1.1　化工园区风险概述

1. 风险定义

根据美国化学工程师学会（American Institute of Chemical Engineers，简称AIChE）的定义，风险是某一事件在一个特定的时段或环境中产生我们所不希望的后果的可能性，也即不幸事件发生的概率[71]。为了对风险量化，引入如下三个变量：$<e,\ p,\ S>$。其中，e 是系统事件，p 是系统事件发生的概率，V 是事件的严重程度。V 是一个多维随机向量，包括人员伤亡、设施损坏、环境影响、管理缺失等多个方面。风险可用下面的式（2.1）来描述它的含义：

$$R = \{<e_i,\ p_i,\ V_i>\} \tag{2.1}$$

其中，p 为 $0 \sim 1$ 之间的无量纲数，通常很难确定，常由每年发生的事故数即频率通过函数模型转化代替。V 则有许多种表示方法，最常用的是 e 事件发生后个人的死亡概率。风险函数并非精确的函数式，只是对风险的一种概括性描述。

2. 化工园区的风险表征

（1）个人风险

个人风险（individual risk，简称 IR）指该化工园区内在某一特定位置长期存在且没有任何保护措施的个人由于灾害事故而导致个人死亡的概率[72]，主要指人身伤亡的风险。

一般采用如下方法对个人风险进行量化。

$$IR = P_f \cdot P_{d/f} \tag{2.2}$$

式中，P_f 是事故发生的概率；$P_{d/f}$ 是个人由于事故的发生而死亡的概率。

由式（2.2）可知，个人风险实质是一个概率值，但很多情况下，这些概率难以确定。鉴于此，常常用"频率"代替"概率"对个人风险进行量化，例如事故死亡率。

事故死亡率（fatal accident frequency rate，简称 FAFR）指的是 1000 个劳动力在其一生的劳动时间（约合 10^5 h）内的预期死亡数，也即暴露时间为 10^8 h 内的平均死亡率。

（2）社会风险

社会风险（social risk，简称 SR）是指化工园区内任何导致大于或等于特定人数死亡的事故发生的概率[73]。通常是描述对社会的影响程度大，易引起社会的关注的灾难性事故的风险，表明事故发生概率与事故造成的人员受伤或死亡人数的相互关系。

一般采用 F-N 曲线的方法表示社会风险，其中 N 表示该事件引发的死亡人数，F 表示死亡人数≥N 的事故发生的累计频率。

通过把个人风险水平和人口密度结合在一起进行积分，进而确定伤亡人数的期望值 E（N）来计算社会风险。

$$E(N)=\iint_A IR(x, y)m(x, y)\mathrm{d}x\mathrm{d}y \tag{2.3}$$

式中，E（N）是每年伤亡人数的预期值；m（x，y）是地点（x，y）上的人口密度。

（3）潜在生命损失值

潜在生命损失值（potential life loss，简称 PLL）[74] 是指由于意外事故而导致单位时间内一个生命损失的可能性，常用人/年表示。PLL 值也是进行危险源风险排序中的重要依据之一。

3. 化工园区风险的可接受标准

在对化工园区定量风险评价时，根据评价模型得到个人风险和社会风险后，需要采用个人风险和社会风险可接受标准作为风险决策的评判依据。

（1）个人风险的 ALARP 原则

国际上广泛采用最低可行原则（as low as reasonably practicable，简称 ALARP）对个人风险可接受标准进行确定。ALARP 原则将风险分为 3 个区域，即不可接受区、合理可行的最低限度区和广泛接受区，如图 2.1 所示。

若风险值在广泛接受区，说明风险很低，可不采取任何降低风险的措施；在不可接受区，说明风险很高，必须采取一切可能降低风险的措施，直到风险可接受。而在合理可行的最低限度区，则需要对各种风险控制措施方案进行成本效益分析，在可能的情况下尽量降低风险[72]。

我国针对国情和现有的危险化学品企业特点，考虑其工艺技术、周边环境和城市规划等历史客观原因，于 2014 年 5 月 7 日国家安全监管总局发布了《危险化学品生产、储存装置个人可接受风险标准和社会可接受风险标准（试行）》（以下简称《可接受风险标准》）国安监 [2014] 第 13 号，如表 2.1 所示。

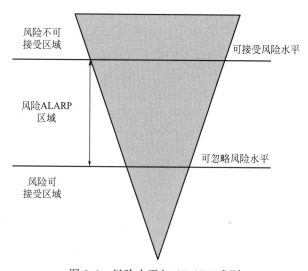

图 2.1　风险水平与 ALARP 准则

Fig. 2.1　Risk ranks and ALARP

我国个人可接受风险标准值表　　表 2.1

The individual risk acceptable criterion in China　Tab. 2.1

防护目标	个人可接受风险标准（概率值）	
	新建装置（每年）≤	在役装置（每年）≤
低密度人员场所（人数＜30 人）；单个或少量暴露人员。居住类高密度场所（30 人≤人数＜100 人）；居民区、宾馆、度假村等	1×10^{-5}	3×10^{-5}
公众聚集类高密度场所（30 人≤人数＜100 人）；办公场所、商场、饭店、娱乐场所等。高敏感场所：学校、医院、幼儿园、养老院、监狱等。重要目标：军事禁区、军事管理区、文物保护单位等	3×10^{-6}	1×10^{-5}
特殊高密度场所（人数≥100 人）：大型体育场、交通枢纽、露天市场、居住区、宾馆、度假村、办公场所、商场、饭店、娱乐场所等	3×10^{-7}	3×10^{-6}

　　《可接受风险标准》中列出的风险标准分为新建装置、在役装置两类，对新建装置（包括新建、改建和扩建装置）的风险标准要比在役装置的更为严格。但一旦在役装置进行改建或扩建则其整体要执行新建装置的风险标准[75]。

　　（2）社会风险的 ALARP 原则

　　社会风险可接受标准用于降低社会公众面临的事故风险，F-N 曲线常被用来限制多种危险性活动的风险水平，本书采用常用 F-N 曲线作为社会风险的判定标准。这些社会风险可接受标准可以用式（2.4）来表达：

$$1-F_N(x) < \frac{C}{x^n} \tag{2.4}$$

式中，n——准则线的斜率；

　　C——准则线位置确定常数。

斜率 $n=1$ 的风险接受准则叫作风险中立。如果 $n=2$，称作风险厌恶。在这种情况下损失后果严重的风险更受重视，因此只有当其发生概率相对更低的时候，才会被接受。F-N 曲线通常也采用 ALARP 原则划分成 3 个区域：可接受区、不可接受区和尽可能降低区。若 F-N 曲线落入可接受区，表明社会风险较低可接受；落入不可接受区，表明危险源周边受影响的人员密度较大风险不可接受，应采取措施直至风险可接受；落入尽可能降低区，则需要对各种风险控制措施方案进行成本效益分析，在可能的情况下尽量降低风险[75]。

我国《可接受风险标准》中的社会风险 F-N 曲线图如图 2.2 所示。

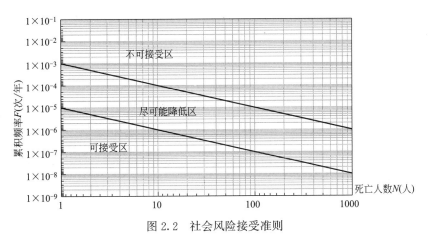

图 2.2　社会风险接受准则

Fig. 2.2　The social risk acceptable criterion

2.1.2　脆弱性概述

脆弱性一词来自拉丁文"vulnerare"，意思是"可能受伤"。脆弱性（Vulnerability）问题最初来源于流行病学领域，描述的是哪些地区更容易发生流行病或易被流行病所感染，后应用于不同领域[76]。在实际研究应用中，不同应用领域对"脆弱性"的界定有很大差异，不同的研究对象和学科视角，不同的研究领域学者所运用的内涵都有所不同[77]。在化工园区脆弱性研究中，脆弱性是指承灾体（即人员、设施、环境等）遭受灾害事件破坏机会的多少与发生破坏损失的难易程度以及遭受破坏后的恢复能力。对化工园区进行脆弱性分析，从危险的受体、即危险的承受者（社区或地区的自身条件）来谈危险，确定人类和其居住环境之间是否平衡以及平衡的程度对灾情的影响程度，以便通过人类的管理和规划等活动提高区域的事故综合预防能力。

2.1.3 风险分析和脆弱性分析的联系

化工园区区域风险评估主要是对引起重大事故的危险源进行定性、定量的评价，评估事故后果影响，并以此为基础依据对园区内的化工企业合理布局以及对园区土地利用进行安全规划。其核心的内容是评估园区对周边的影响、园区内高危企业与其他企业或重要设备设施的影响，在满足土地利用的社会、经济等制约因素的同时也要确保安全的要求。根据前文介绍，目前国内外区域定量风险评估方法主要有几种，即基于"安全距离"、基于"后果"、基于"风险"和基于"风险补偿"等方法[78]。通过分析可以看出上述风险评估方法中是从引发重大事故的危险源和事故后果方面考虑，而根据灾害学原理，灾害的发生是由致灾因子和承灾体二者共同作用的结果。因此，要科学地认识事故的影响，仅研究风险本身是远远不够的，还需要在此基础上，深入研究风险与承灾体之间的相互作用[79]。而将承灾体与风险之间的研究紧密联系起来的重要桥梁就是"脆弱性分析"。

目前，欧盟在"Seveso Ⅱ"令基础上执行的工业事故风险评价方法体系ARAMIS[80]~[82]中首次引入脆弱性因子，确定了脆弱性目标的分类和能量的承受阈值等方面内容。我国如张斌等[83]提出以人口年龄结构指数，人口密度指数，公路敏感性指数等 8 个脆弱性目标指数作为指标构建指标体系，通过权重计算以及赋值得到区域综合的脆弱性指数。李凤英等[84]研究了基于化学事故的化工园区周边人员的脆弱性，分析了脆弱性产生的原因，以及通过改进交通路线和医疗服务选址等措施来降低风险。综上所述，在化工园区区域定量风险评价中引入脆弱性分析尚属初步阶段，构建化工园区脆弱性指数的评价体系与确定方法在控制化工园区的风险水平和指导安全规划方面都有着重大的理论意义和应用价值。

2.2 化工园区事故特征与风险分析

2.2.1 化工园区主要危害

（1）危险物质泄漏

化工园区火灾爆炸、人员中毒事故很多是由于物料的泄漏引起的。充分准确地判断泄漏量的大小，掌握泄漏后有毒有害、易燃易爆物料的扩散范围，对明确现场救援与实施现场控制处理非常重要[85]。

导致泄漏的原因可能是设备的腐蚀、设备缺陷、材质选择不当、机械穿孔、密封不良以及人为操作失误等。根据泄漏情况，可以把化工生产中容易发生泄漏的设备归纳为 10 类，即管道、挠性连接器、过滤器、阀门、压力容器或反应罐、泵、压缩机、储罐、加压或冷冻气体容器和火炬燃烧器或放空管。

（2）危险化学品火灾爆炸[86]

很多危险化学品的理化特性都是易燃易爆的，所以火灾爆炸是化工园区重特大事故中的最主要危害。危险化学品的火灾形式一般有池火灾、闪火和喷射火等，爆炸形式有蒸气云爆炸和沸腾液体扩展蒸气爆炸[87]。火灾爆炸的危害包括对人、物以及生态环境所造成的危害，主要来源于热量和冲击波，因此在定量计算危险化学品火灾爆炸事故后果时，一般采用经典的事故后果模型计算热辐射和超压两个物理量来判断其对人体的影响。

（3）危险化学品中毒[86]

很多危险化学品具有一定的毒性，若泄漏扩散会对工作人员造成严重伤害甚至死亡。此外，在化工生产过程中存在着多种危害劳动者身体健康的因素，这些危害因素在一定条件下就会对人体健康造成不良影响，产生职业病，严重时甚至危及生命安全。做好职业卫生安全必须具备：毒物侵入人体组织的途径、从人体组织内去除毒物的途径、毒物对人体组织的影响、阻止或减少毒物侵入人体组织的方法等专门知识，前三个方面与毒物学有关，最后一方面实质上是工业卫生。本书主要研究化工园区火灾爆炸事故的风险和脆弱性的分析和评估方法。

2.2.2　危险化学品重大危险源

国家安监总局颁布的"两重点、一重大"中对危险化学品重大危险源要求进行定量风险评价。而根据《危险化学品重大危险源监督管理暂行规定》（安监总局 40 号令）的要求，危险化学品重大危险源也必须进行定量风险评价，并确定重大危险源等级。此外，对于化工园区来说，重大危险源的监管和风险评估也是园区安全管委会的主要工作之一。

（1）重大危险源辨识

依据《危险化学品重大危险源辨识》[88]，长期或临时地生产、加工、搬运、使用或贮存危险化学品，且危险化学品的数量等于或超过临界量的单元，称之为危险化学品重大危险源。

单元内存在的危险化学品为多品种时，则按下式计算，若满足下面公式，则定为重大危险源：

$$\frac{q_1}{Q_1} + \frac{q_2}{Q_2} + \cdots + \frac{q_n}{Q_n} \geqslant 1 \qquad (2.5)$$

式中　q_1，$q_2 \cdots q_n$——每种危险化学品实际存在量，t。

　　　Q_1，$Q_2 \cdots Q_n$——与各危险化学品相对应的临界量，t。

（2）重大危险源分级

对危险化学品重大危险源分级采用单元内各种危险化学品实际存在（在线）量与其在《危险化学品重大危险源辨识》中规定的临界量比值，经校正系数校正后的比值之和 R 作为分级指标[89]。

$$R = \alpha \left(\beta_1 \frac{q_1}{Q_1} + \beta_2 \frac{q_2}{Q_2} + \cdots + \beta_n \frac{q_n}{Q_n} \right) \qquad (2.6)$$

式中　q_1，$q_2 \cdots q_n$——每种危险化学品实际存在量，t；

　　　Q_1，$Q_2 \cdots Q_n$——与各危险化学品相对应的临界量，t；

　　　β_1，$\beta_2 \cdots \beta_n$——与各危险化学品相对应的校正系数，见表2.2、表2.3；

　　　α——该危险化学品重大危险源厂区外暴露人员的校正系数，见表2.4。

校正系数 β 取值表　　　　　　　　　　　　　表2.2

The value of correction factor β　　　　Tab. 2.2

危险化学品类别	毒性气体	爆炸品	易燃气体	其他类危险化学品
β	见表2.3	2	1.5	1

注：危险化学品类别依据《危险货物品名表》中分类标准确定。

常见毒性气体校正系数 β 值取值表　　　　　表2.3

The value of correction factor β on common toxic gases　　　Tab. 2.3

毒性气体名称	一氧化碳	二氧化硫	氨	环氧乙烷	氯化氢	溴甲烷	氯
β	2	2	2	2	3	3	4
毒性气体名称	硫化氢	氟化氢	二氧化氮	氰化氢	碳酰氯	磷化氢	异氰酸甲酯
β	5	5	10	10	20	20	20

注：未在表2.3中列出的有毒气体可按 $\beta=2$ 取值，剧毒气体可按 $\beta=4$ 取值。

校正系数 α 取值表　　　　　　　　　　　表2.4

The value of correction factor α　　　Tab. 2.4

厂外可能暴露人员数量	α
100人以上	2.0
50人～99人	1.5
30人～49人	1.2
1～29人	1.0
0人	0.5

危险化学品重大危险源级别和 *R* 值的对应关系   表 2.5

R value on the level of major hazard   Tab. 2.5

危险化学品重大危险源级别	*R* 值
一级	$R \geqslant 100$
二级	$100 > R \geqslant 50$
三级	$50 > R \geqslant 10$
四级	$R < 10$

2.2.3 化工工艺和设备的危险性

2009 年国家安监总局公布了《首批重点监管的危险化工工艺安全控制要求、重点监控参数及推荐的控制方案》，确定了危险工艺重点监控的工艺参数，需要装备的自动控制系统，并要求危险化学品生产企业 2010 年底完成自动化改造，从而拉开化工行业"两重点一重大"（重点危化品、重点危险工艺和重大危险源）的安全监管模式的序幕。化工企业的风险除了危险化学品外，就是危险工艺。下面对化工危险工艺进行简单分析，为后续风险评估提供依据。

（1）影响工艺危险性的因素

生产工艺危险性的大小，受物料本身的易燃性、氧化性、毒害性、放射性、腐蚀性等的影响，除此之外还受以下两个因素的影响[86]：

① 生产工艺条件的影响

生产工艺条件主要包括压力、氧含量、催化剂、容器设备及装置的导热性和几何尺寸等因素。同时，有的产品的生产工艺条件需要在接近原料爆炸浓度下限或在爆炸浓度范围之内生产，有的则需要在接近或高于物料自燃点或闪点的温度下生产。这样，就更增加了物料本身的火灾危险性，所以物料在这种工艺条件下的火灾危险性就大于本身的火灾危险性。物料的易燃性、氧化性及生产工艺条件，是决定生产工艺火灾危险性的最重要的因素。

② 生产场所可燃物料存在量的影响

在生产场所如果存在的可燃物料多，那么，其火灾危险性就大。反之，如果可燃性物料的量特别少，少至当气体全部放出或液体全部气化也不能在装置内或整个厂房内达到爆炸极限范围，可燃物全部燃烧也不能使建筑物起火造成灾害，那么其火灾危险性就小。如机械修理厂或修理车间，虽然经常要使用少量的汽油等易燃溶剂清洗零件，但不至于引起整个厂房的爆炸。

（2）化工设备失效的原因

化工设备失效的原因很多，无论是容器、管道、管件、过程设备和各种机器，失效时通常都表现为多种失效形式并存。失效形式通常有以下几种[86]：

① 过度变形

凡是设备总体或某一最薄弱的局部发生了永久性的过度变形，导致设备失去了设计所规定的功能，即可判断为失效。

② 过度磨损

过度磨损会使运动副的间隙加大、机械的精度降低，使运动部件的接触间隙加大，导致振动严重，如设备及管道的壁厚异常减薄等现象，都属于过度磨损的范畴。

③ 泄漏

因为密封件失效引起的泄漏，以及因局部裂纹的扩展（疲劳的、应力腐蚀的、蠕变的裂纹扩展）导致壁厚局部穿透，引起介质的泄漏甚至喷出，均有可能引起燃烧、二次爆炸或人员中毒，轻则使装置停止运行，重则产生比过度变形及过度磨损更为严重的破坏。

④ 断裂

由于裂纹的扩展而使设备的零部件发生断裂失效，将可能使设备无法继续运行，而对压力容器与管道，则可能因介质的大量喷发而造成次生事故。

⑤ 爆炸

爆炸通常易发生在受压容器和管道上，爆炸发生后，通常可在容器或管道上发现较大的撕裂现象，失效部位常有明显的大变形，可能伴随碎片飞出，甚至整台设备移位或抛出，并伴有巨大响声。

2.3 化工园区脆弱性分析

化工园区的脆弱性分析是对园区内人员、设施、环境三类承灾体在与意外释放能量接触时所表现出来的脆弱性的分析[79]，也即是化工园区的脆弱性目标分为人员脆弱性目标，设施脆弱性目标以及环境脆弱性目标三类。各类脆弱性指标在园区内的不同表现，如暴露程度、易损程度等，能综合反映化工园区在面对各种化工事故时的不同脆弱性。因此，分析影响各类脆弱性的指标因素，对科学构建化工园区脆弱性指数评估指标体系是非常有必要的。

2.3.1 人员脆弱性影响因素分析

从化工园区脆弱性概念看出，园区内人员脆弱性包括暴露性和易损性两个方面。

（1）人员暴露性分析

火灾，爆炸和中毒是化工园区内主要的重大事故类型。这些事故突发性强，在短时间内释放出巨大能量，一旦发生很有可能造成人员的伤亡。由火灾，爆炸和中毒事故后果模型可知，影响人员伤害程度的因素主要有热辐射、超压和有毒物质的浓度。而这几个指标的大小都取决于两点，一点是人员在园区内的暴露程度，另一点是人员的暴露位置。因为人员的暴露程度如在室内或在室外，其受伤害程度是有很大不同的；而另一点暴露位置距离事故发生地越近，所遭遇到的释放能量越大，与能量作用越强烈，人员伤亡越大。还有从社会风险的角度考虑，重大化工事故后果影响区域内人员密度越大，发生事故时人员伤亡的概率就越高，园区的脆弱性程度就越高。

（2）人员易损性分析

由暴露性分析可知，人员在面对爆炸这类瞬间释放巨大能量的事故时，几乎没有自救和疏散的时间，暴露程度及暴露位置直接影响着人员伤亡的多少。而当人员面对火灾、有毒物质泄漏这样能量释放相对缓慢，有时间逃生的事故时，人员自身应对事故的能力对伤亡的影响较大。因此人员的易损性主要从人们的抗灾能力角度考虑，可以分为人员个人防护用品和受救援疏散培训程度两方面。

① 个人防护用品对人员易损性的影响

个人防护用品（personnel protective equipment，简称 PPE）是指作业者在工作中为免遭或减轻事故伤害和职业危害，个人随身穿（佩）戴的用品。个人防护用品可分为呼吸防护器、防护头盔、防护服、防护眼罩、防护面罩、护耳器、皮肤防护用品 7 大类。在化工园区企业内的工作人员有没有穿戴个人防护用品对其承受的能量伤害有很大不同。例如有毒物质泄漏，若工作人员穿戴防护服和呼吸防护器，其可能更容易逃出事故现场；而防护头盔、防护眼罩、防护面罩等可以在火灾爆炸事故时保护自身的抗灾能力。因此，穿戴个人防护用品的人员在区域中所占比例越小，事故发生时可能造成的人员伤亡越大，园区的脆弱性就越高。

② 应急疏散培训对人员易损性的影响

应急疏散培训是指针对某种重大事故，对人员进行相关的应急疏散知识培训，如保持冷静的头脑，明辨安全通道、建筑火灾逃生技巧、寻找避难场所等。有数据表明接受过此类安全教育、有过疏散经历、参加过应急演练、懂得自救知识的人们的逃生能力相对较强，则可以减少人员的伤亡。因此，当园区中该类人员比例越小，事故发生时可能引起的人员伤亡越大，园区脆弱性就越高。

2.3.2　设施脆弱性影响因素分析

化工园区中的设施类型主要有工业厂房，办公用地，民用住宅，公用工程如供水、供电、供气设施等。化工园区内设施脆弱性的高低主要是由设施的暴露位置、密集程度以及其自身特点所决定的。由于自身的特点化工园区内设施对有毒物质泄漏敏感性较低，因而设施的脆弱性主要体现在对火灾，爆炸的暴露位置、设施密集度、敏感性和抗灾能力等方面。

（1）设施暴露性分析

① 暴露位置对设施暴露性的影响

设施作为化工园区的重要组成部分，同人员脆弱性一样，暴露的位置直接影响化工园区区域整体脆弱性的高低。当发生火灾爆炸时，设施距离事故发生地越近，遭受意外释放的能量越多，造成的损失越大，这也代表了园区脆弱性越高。

② 设施密度对设施暴露性的影响

化工园区发生事故时，财产损失与设施密集程度紧密相连。设施密集程度越高，事故发生时可能损坏的设施越多，遭受的损失就越严重。园区中企业的生产装置区域、仓储区域、港口码头都属于设施密集程度高的区域，而普通住宅区，办公用地以及娱乐广场等区域的设施密集程度相对较低。园区中设施密集程度高的区域所占比例越大，事故发生后，造成的财产损失越大，园区的脆弱性就越高。

（2）设施易损性分析

化工园区中设施的易损性主要取决于设施的抗灾能力，即建筑设施对火灾、爆炸所产生的热辐射以及冲击波载荷的承载能力。因此，设施易损性影响因素主要为构建过程中所采用的材料及结构特征[79]。

① 抗爆能力对设施易损性的影响

化工园区发生爆炸事故时，会产生强大的冲击波能量，其作用强度远远超过建筑物本身的设计载荷，产生的各种破坏效应可导致建筑物严重损坏甚至倒塌，造成大量的人员伤亡和财产损失。一般来说，钢筋混凝土结构以及钢框架结构对冲击波的承受能力比砖混结构、木结构等其他结构类型的设施要强。化工园区中若该类型设施所占比例越大，事故发生时可能造成的损失越低，区域的脆弱性就越低。

② 抗火能力对设施易损性的影响

设施的耐火等级是反映其抗火能力的最重要指标。依据我国《建筑设计防火规范》，耐火等级是由建筑构件的燃烧性能和最低耐火极限决定的，由高到低将建筑物的耐火等级分为一二三四级。《建筑设计防火规范》把生产厂房和仓储库按不同类型分类，并提出相应的耐火等级要求。耐火等级为一、二级的建筑构件对热辐射的承受能力相对较强，通常一级耐火等级是钢筋混凝土结构或砖墙与钢筋混凝土结构组成的混合结构；二级耐火等级是钢结构屋顶、钢筋混凝土柱和砖墙的混合结构。因此，在化工园区中一二级耐火等级的设施所占比例越大，事故发生时园区的抗灾能力就越强，区域的脆弱性就越低。

2.3.3 化工园区环境脆弱性分析

化工园区内存在着大量危险化学品，在生产、使用、储存、运输过程中，由于意外事故会引发有毒有害物质大量泄漏，这种突发性的泄漏，将在瞬间排放大量的污染物对园区环境造成严重污染和破坏[91]。园区内环境脆弱性目标主要为重要水源地，天然水体、绿化带甚至自然保护区等，这些环境脆弱性目标对火灾、爆炸事故敏感性较低或者恢复力较强，而其脆弱性主要表现在承受有毒有害物质的泄漏的抗污染能力。

（1）环境暴露性分析

① 环境暴露比例

化工园区中环境脆弱性目标暴露的越多，泄漏事故所造成的损失越大，后果越严重。例如，很多化工园区都选址在沿江沿海地带以及有深水码头的地带，因此，水体是化工园区自然环境中的重要组成部分之一。一旦此类化学工业园区发生危险化学品泄漏事故，有毒有害物质很可能进入临近水域，造成严重的环境污染[79]。2005 年，中石油吉林石化公司双苯厂发生的重特大火灾爆炸事故引发的松花江流域污染，造成严重的社会不良影响且耗费大量的人力物力清除污染，就是一个活生生的例子。

② 环境暴露位置

化工园区中的危险化学品泄漏源有两种，一种是生产、使用和储存危险化学品的固定泄漏源，另一种是运输危险化学品的移动泄漏源。环境脆弱性目标距离这些危险化学品泄漏源越近，遭到环境污染的可能性越大，园区中该类环境脆弱性目标所占比例越大，园区脆弱性就越高。

（2）环境易损性分析

① 环境功能的重要程度

从环境功能的角度，在化工园区中也有一些对生产和生活等具有特殊的重要功能、能直接影响到区域健康发展的区域，如水源地，基本农田，封闭及半封闭海域等[79]。当这些区域遭受到有毒有害物质污染时，不仅影响范围大而且后果十分严重。因此，该类环境目标功能越重要，越难以承担有毒物质泄露所造成的后果，园区中该类区域所占比例越大，该园区的脆弱性就越高。

② 环境的恢复能力

化工园区在选址时，有时难以避开自然保护区、湿地、地质公园等具有珍贵价值而稀缺的资源[90]。当这些区域遭受化工事故的侵害时，很可能会影响生态系统的安全以及导致某种生物灭绝的后果，使得生态环境和资源难以恢复再生。在化工园区事故影响范围内，该类区域所占比例越大，事故所引发的后果越严重，该区域的脆弱性就越高。

2.4　本章小结

本章从系统安全理论分析出发，简述化工园区定量风险和脆弱性的相关概念和风险与脆弱性之间的联系，通过对化工园区事故特征、危险源和脆弱性的分析，得到了以下结论：

（1）化工园区定量风险的主要表征为个人风险和社会风险，而化工园区脆弱性是指承灾体——人员、设施、环境等遭受灾害事件破坏机会的多少与发生破坏损失的难易程度以及遭受破坏后的恢复能力。研究事故是对危险源的定量风险和承灾体的脆弱性的研究。

（2）通过对化工园区事故特征的分析，认为化工园区主要的危害有：危险物质泄漏、火灾、爆炸和中毒等。结合国家危化行业"两个重点，一个重大"安全监管政策，对化工园区主要危险化学品、危险化工工艺和危险化工设备进行了系统分析，为后续建立评价指标体系提供理论依据。

（3）化工园区脆弱性分析是对园区内人员、设施、环境三类承灾体在与意外释放能量接触时所表现出来的脆弱性的分析。三类承灾体相对于意外释放能量都可以看作脆弱性目标，即化工园区是由人员脆弱性目标，设施脆弱性目标以及环境脆弱性目标所组成的。

第3章 空间风险场及多米诺效应研究

第2章提到，个人风险是风险定量的重要表征之一。通常个人风险的计算结果可以通过风险等值线在平面图上表达出来，这些风险等值线都是二维的。但是，随着化工园区的发展，土地利用日趋紧张，从而使工艺设计和建筑技术得到提高以使有限空间得到集中和多重使用，生产工艺设备设施往往在空间上交错。当分析这些空间区域风险的分布和变化规律时，就有必要考虑一个空间的风险概念——风险场。

3.1 空间风险场概述

3.1.1 风险场定义

如果把单个企业看作一定时间内稳定产生风险的源头称作源强，由于风险值是在空间某一位置如点 $M（x，y，z）$ 且未受保护的个人因灾害事故的发生而导致个人死亡的概率，其大小由源强 $R（x_0，y_0，z_0）$，点 $M（x，y，z）$ 与源强点 $O（x_0，y_0，z_0）$ 间的距离 r 来决定[92]。结合《矢量分析与场论》对场的定义[93]，将风险值看作一个物理量，那么风险场的定义即为"如果在全部空间或部分空间里的每一点，都对应着风险的一个确定值，就说在这空间里确定了风险的一个场。"风险值为数量，所以风险场也是一个数量场。由定义可知，分布在数量场中各点处的风险值 $RI（x，y，z）$ 是场中之点 M 的函数，可以用式（3.1）表达：

$$RI(x,y,z)=f[R(x_0,y_0,z_0),M(x,y,z),r] \qquad (3.1)$$

风险是一个大于等于零的实数，因此空间坐标轴上，总是位于风险轴的正向，风险变化率则可正可负。

3.1.2 风险场相关概念

（1）风险源场 risk source field

若把园区内单个企业的总风险看作是一个固定值，那么由风险场定义可知，在企业内部空间存在着一个数量场，该场大小固定，没有方向性，称为风险源场。该场可看作单位时间内稳定产生风险的源头。本书研究的是化工园区的整体风险评价问题，则假设该场是一个均一的数量场。通常认为处于风险源的中心 $O(x_0，y_0，z_0)$ 处人员死亡率较高，对火灾、爆炸和高毒物质的个人死亡率几乎是 100%，此时个人风险的大小就等于事故发生率[94]。

（2）个人风险场 individual risk field

个人风险场是指由评价区域内的所有危险源，因各种潜在事故造成空间内某一固定位置的人员个人死亡的概率形成的场，通常用风险等值面表示。

（3）社会风险场 social risk

社会风险场指评价区域空间内能够引起大于等于 N 人死亡的所有危险源的事故累积频率 F，社会风险常用 F-N 曲线表示。

3.2 化工园区风险场评价模型

3.2.1 个人风险场及其叠加

个人风险场的大小取决于四个影响因素：第一，单个企业内部的总风险大小，也即风险源场的大小；第二，人员的位置如室内、室外也影响个人死亡率，用"风险衰减因子"δ 表示不同情况的影响效果；第三，当地环境气候和风向对重大事故的后果影响较大，用"环境影响因子"γ 表示不同的影响效果；第四，人员与风险源场几何中心 $O(x_0，y_0，z_0)$ 的距离 r。下面我们分别分析不同风险源场的风险场评价模型。

1. 点状源的个人风险场

设区域内任一点状风险源场几何中心 $O(x_0，y_0，z_0)$，在空间区域内产生的个人风险用风险场表达为[94]：

$$RI_i(x,y,z)=\delta_i\gamma_if_i \cdot v_i(x_0,y_0,z_0,r) \tag{3.2}$$

其中，
$$r=\sqrt{(x-x_0)^2+(y-y_0)^2+(z-z_0)^2} \tag{3.3}$$

式中，RI_i 为第 i 个事故点 $O(x_0，y_0，z_0)$ 处的风险源场在空间上 $M(x，y，z)$ 处的个人风险；δ 为风险衰减因子；γ 为环境影响因子；r 为 $M(x，y，z)$ 到点 $O(x_0，y_0，z_0)$ 处的距离；f_i 为第 i 个事故发生的概率；v_i 为 $M(x，y，z)$ 处的个人死亡率。如图 3.1 所示。相关参数的计算方法会在后面讨论。

2. 线状源的个人风险场

设一个经过线状风险源 L 的直线为 Z 轴，定义线状风险源 L 的垂直平分线为 X 轴，计算在空间一点 $M(x，y，z)$ 的个人风险大小，点 M 与 dRI 的连线为 r。将线状风险源 L 进行微分，则线状风险源 L 上任意一点 $M_0(x_0，y_0，z_0)$

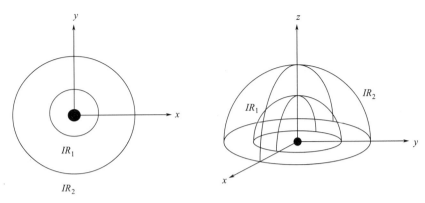

图 3.1   点状源二维风险等值线和三维风险等值面示意图

Fig. 3.1   2D risk contour and 3D risk equivalent surface of point source

处的微元 dz 在 P 点的个人风险 dRI_M 为[94]：

$$dRI = \frac{\delta_i \gamma_i RI(x_0, y_0, z_0)}{Lr^2}dz = \frac{\delta_i \gamma_i f_i \cdot v_i(x_0, y_0, z_0)}{L\left[(x-x_0)^2 + (y-y_0)^2 + (z-z_0)^2\right]}dz$$

(3.4)

L 对 $M(x, y, z)$ 点的 X 方向的个人风险分量为：

$$
\begin{aligned}
RI_x &= \int_{-L/2}^{L/2} \frac{\delta_i \gamma_i f_i \cdot v_i(x_0, y_0, z_0)\cos\alpha}{L\left[(x-x_0)^2 + (y-y_0)^2 + (z-z_0)^2\right]}dz \\
&= \int_{-L/2}^{L/2} \frac{\delta_i \gamma_i f_i \cdot v_i(x_0, y_0, z_0)(x-x_0)}{L\left[(x-x_0)^2 + (y-y_0)^2 + (z-z_0)^2\right]^{\frac{3}{2}}}dz \\
&= \frac{\delta_i \gamma_i L f_i \cdot v_i(x_0, y_0, z_0)}{(x-x_0)\sqrt{(x-x_0)^2 - \left(\frac{1}{2}\right)^2}}
\end{aligned}
$$

(3.5)

式中，RI_i 为第 i 个事故在点 $O(x_0, y_0, z_0)$ 处的源生场在空间上 $M(x, y, z)$ 处的个人风险；σ 为风险的衰减修正系数；f_i 为第 i 个事故发生的概率；v_i 为 $M(x, y, z)$ 处的个人死亡率，r 为 $M(x, y, z)$ 到点 $O(x_0, y_0, z_0)$ 处的距离，如图 3.2 所示。

3. 模型相关参数分析

（1）风险衰减因子 δ

由于计算 M 点个人风险时，M 点与事故发生原点 O 点之间有可能存在阻挡物，例如整栋建筑物、室内室外等。一般认为计算个人风险时，如果人处于室内或有整栋建筑物格挡，那么认为死亡概率为 0。其他情况的风险衰减因子 δ 的取值情况如表 3.1 所示[95]。

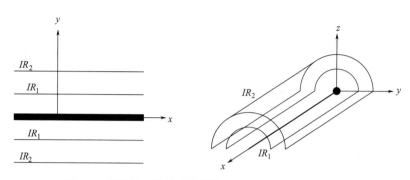

图 3.2 线状源二维风险等值线和三维风险等值面示意图

Fig. 3.2 2D risk contour and 3D risk equivalent surface of line source

风险衰减因子 δ 取值表 　　　　表 3.1

The value of risk attenuation factor δ 　　Tab. 3.1

场景		$\delta_{个人风险}$	$\delta_{社会风险}$	
		室外	室外	室内
爆炸	爆炸超压≥0.03MPa	1	1	1
	0.01MPa<爆炸超压<0.03MPa		注1	
	爆炸超压≤0.01MPa	0	0	0
	闪火范围内	1	1	1
	闪火范围外	0	0	0
热辐射强度<37.5kW/m²	火球	1	0.14[a]	0
	喷射火	1	0.14[a]	0
	池火	1	0.14[a]	0
热辐射强度≥37.5kW/m²	火球	1	1	1
	喷射火	1	1	1
	池火	1	1	1
	毒性	1	1	1[b]

注1：爆炸超压 0.01～0.03 MPa 半径区域的室外人员的死亡概率为 0；在计算社会风险时，室内人员
　　 需考虑建筑物破坏的影响，死亡百分比为 2.5%。

a)：当计算社会风险时，通常认为在衣服着火以前，室外人员因受到衣服的保护而减弱了热辐
　　 射的影响，其死亡百分比减小至 0.14 倍。

b)：计算室内人员的死亡百分比时应考虑室内真实毒性剂量，在没有具体参数时，可取同样剂
　　 量下室外人员死亡概率的 0.1 倍。

（2）环境影响因子 γ

因在计算泄漏造成火灾、爆炸和中毒事故的后果扩散影响时，与天气情况和风向情况都有很大关系，因此在计算时应先选择一种天气等级 D 和该天气等级下的一种风向 F，给出天气等级 D 和风险 F 同时出现的联合概率 $P_D \times P_F$，然后对所有的天气等级和风向概率重复计算后叠加[95]。

$$\gamma = \sum_D \sum_F P_D \times P_F \tag{3.6}$$

（3）事故发生概率 f

计算事故发生概率的方法有很多，例如事件树分析、故障树分析、马尔科夫法、蒙特卡罗法和贝叶斯分析等。本书采用贝叶斯网络分析法来计算事故发生概率[96][97]。

贝叶斯网络（Bayesian Networks）[98] 是一种帮助人们将概率统计应用于复杂领域、进行不确定性推理和数据分析的工具。构造贝叶斯网络的主要目的是进行概率推理，即计算一些事件发生的概率。要在一些随机变量之间进行概率推理，理论上只需要一个联合概率分布即可。但是，联合概率分布的复杂度相对于变量个数成指数增长，所以当变量众多时不可行。贝叶斯网络的提出就是要解决这个问题，它把复杂的联合概率分布分解成一系列相对简单的模块，从而大大降低了知识获取的难度和概率推理的复杂度，使得人们把概率论应用于大型问题。

贝叶斯网络是概率论与图论相结合的产物，它一方面用图论的语言直观揭示问题的结构，另一方面又按照概率论的原则对问题的结构加以利用，降低推理的计算复杂度。贝叶斯网络技术具有描述多态性、非单调性、非确定性逻辑关系的能力，而且有高效率概率推理算法和各种成熟软件支撑，非常适合于风险评价。

（4）个人死亡概率 v

Crowl 等人在 Chemical Process Safety 中指出[71]，如果对大量人群进行毒物反应实验，每个人暴露于相同浓度的毒物下，并且记录每个人的反应情况，根据试验数据能得到一条服从正态分布的曲线。该曲线就称为剂量-反应曲线，可以表示不同类型的暴露对人的影响，例如暴露于热辐射、压力、毒物等。有很多方法可以描述剂量-反应曲线。对于单一暴露来说，概率函数法是最适用的方法，因此本书采用此模型计算事故的死亡概率。概率变量 Y 和死亡百分率 P 的关系可以用下式表示：

$$P_{死亡} = \frac{1}{\sqrt{2\pi}} \int_{-\infty}^{Y-5} \exp\left(-\frac{u^2}{2}\right) \mathrm{d}u \tag{3.7}$$

式中，$P_{死亡}$ 是死亡百分率；Y 是概率变量；u 是积分变量。

方程（3.7）的函数关系可用表 3.2 表示。

概率变量与死亡百分率之间的换算关系　　　　　　表 3.2
The relationship between the probability variable and the percentage of death　　Tab. 3.2

Y	0	1	2	3	4	5	6	7	8
0	—	2.67	2.95	3.12	3.25	3.36	3.45	3.52	3.59
10	3.72	3.77	3.82	3.87	3.92	3.96	4.01	4.05	4.08
20	4.16	4.19	4.23	4.26	4.29	4.33	4.36	4.39	4.42
30	4.48	4.50	4.53	4.56	4.59	4.61	4.64	4.67	4.69
40	4.75	4.77	4.80	4.82	4.85	4.87	4.90	4.92	4.95
50	5.00	5.03	5.05	5.08	5.10	5.13	5.15	5.18	5.20
60	5.25	5.28	5.31	5.33	5.36	5.39	5.41	5.44	5.47
70	5.52	5.55	5.58	5.61	5.64	5.67	5.71	5.74	5.77
80	5.84	5.88	5.92	5.95	5.99	6.04	6.08	6.13	6.18
90	6.28	6.34	6.41	6.48	6.55	6.64	6.75	6.88	7.05
99	0.0	0.1	0.2	0.3	0.4	0.5	0.6	0.7	0.8
	7.33	7.37	7.41	7.46	7.51	7.58	7.58	7.65	7.88

当已知概率变量 Y 时，在表 3.2 中查找其对应的行和列的死亡百分率，两者相加即可得到该 Y 值对应的死亡百分率。如当 $Y=5.28$ 时，在表中查得 5.28 对应的该行列数为 60 和 1，则此时死亡百分率为 $60+1=61\%$。

在实际应用中，还可以用下列方程进行概率变量向百分数的转化：

$$P = 50\left[1 + \frac{Y-5}{|Y-5|}\mathrm{erf}\left(\frac{|Y-5|}{\sqrt{2}}\right)\right] \tag{3.8}$$

式中，erf 是误差函数。

$$\mathrm{erf}(x) = \frac{2}{\sqrt{\pi}}\int_0^x e^{-t^2}\,\mathrm{d}t \tag{3.9}$$

由上述可知，只要得到概率变量 Y，就可以计算事故后果的伤害概率。计算模型见表 3.3。

人体死亡概率模型　　　　　　表 3.3
Human mortality probability model　　　　Tab. 3.3

破坏因素	概率公式	剂量
热辐射	$Y = -37.23 + 2.56\ln D$	$D = I^{1.33}t$
超压	$Y = 5.13 + 1.37\ln D$	$D = p_s$

破坏因素	概率公式	剂量
毒物泄漏:氯气	$Y = -10.1 + 1.11\ln D$	$D = C^{1.65}t$
毒物泄漏:氨	$Y = -9.82 + 0.71\ln D$	$D = C^2 t$
碎片	$Y = -29.15 + 2.10\ln D$	$D = mv^{5.115}$　　$m < 0.1\text{kg}$
	$Y = -17.56 + 5.30\ln D$	$D = \dfrac{1}{2}mv^2$　　$0.1\text{km} \leqslant m \leqslant 4.5\text{kg}$
	$Y = -13.19 + 0.54\ln D$	$D = v$　　$m \geqslant 4.5\text{kg}$

注:Y:致死概率单位值;I:作用于目标设备的热辐射强度,kW/m^3;C:为毒物浓度,ppm;t:为暴露时间,s;m:为碎片质量,kg;v:为碎片撞击人体时的速度,m/s。

4. 个人风险场的叠加

根据个人风险场的定义,个人风险是评价区域内的所有危险源,因各种潜在事故造成空间内某一固定位置的人员个人死亡的概率。而个人风险场是个数量场,因此,个人风险场的叠加原理为:风险场中某点 M(x,y,z)的个人风险,是各个风险源场单独存在时产生的个人风险场在该点的风险的代数和。其公式可以表示为:

$$IR(M) = \sum_{k=1}^{n} RI_k(M) \tag{3.10}$$

式中,IR(M)为 M 点的个人总风险,n 为风险源场的数量,RI_k 为 M 点单个风险源场产生的个人风险。

3.2.2　社会风险场

社会风险场是评价区域空间内能够引起大于等于 N 人死亡的所有危险源的事故累积频率 F,其计算步骤如下:

(1)定义选择一个空间网格单元,确定网格单元内的人数 N_i;

(2)计算该网格单元内的个人死亡概率 F_i;

(3)计算该网格单元的预期死亡人数 ΔNs_i,不一定是整数;

$$\Delta Ns_i = F_i \cdot N_i \tag{3.11}$$

(4)对所有网格单元,重复 1～3 步的计算,计算所有的网格单元对死亡总人数 Ns 的贡献。

$$Ns = \sum \Delta Ns \tag{3.12}$$

(5)计算风险衰减因子 δ、环境影响因子 γ 和事故发生概率 f 的组合概率 f_{si}。

$$f_{si} = \delta \cdot \gamma \cdot f_i \tag{3.13}$$

（6）对所有的事故重复 1～5 步的计算，用累计死亡总人数 $Ns \geqslant N$ 的所有事故发生的概率 f_s 构造 F-N 曲线。

$$FN = \sum f_s \tag{3.14}$$

3.3　风险强度场及其叠加

3.3.1　风险强度场

1. 风险强度场定义

风险场的等值面是一个对风险的整体分布了解，要了解其局部就要考察在场中各个点处的邻域内沿每一个方向的风险变化情况，这个变化可以从风险梯度来研究[94]。

由电场理论可知，电场中的电场强度等于电位的负梯度，即 $E = -\mathrm{grad}(v)$，类似电场强度的概念，本书定义风险场 RI（M）中 M 点的风险强度为 M 点风险的负梯度。通常表达为

$$G(M) = -\mathrm{grad} RI = \frac{\partial RI}{\partial x}i + \frac{\partial RI}{\partial y}j + \frac{\partial RI}{\partial z}k \tag{3.15}$$

G（M）为一个矢量，其方向为 M 点风险变化率最大的，且指向风险减小的一方；其模是最大变化量的数值。

根据式（3.11）梯度运算的基本公式，可以得到风险场 RI（M）的梯度场为：

$$\mathrm{grad}[RI(x,y,z)] = \delta\gamma f\left[\frac{\partial[v(x_0,y_0,z_0,r)]}{\partial x}i + \frac{\partial[v(x_0,y_0,z_0,r)]}{\partial y}j\right.$$
$$\left. + \frac{\partial[v(x_0,y_0,z_0,r)]}{\partial z}k\right] \tag{3.16}$$

其中 $\bar{r} = \overline{OM} = xi + yj + zk$

这个梯度场称为"风险强度场"。风险强度场是一个矢量场，场中的每个点对应的是风险场中各点的梯度，其方向为该点风险下降率最大的方向，其模是最大变化量的数值。风险强度场是风险场中一个非常重要的概念，它可以描述空间风险场中风险的变化和发展趋势，为区域整体布局提供有力的数据支持。

2. 风险强度场的通量和散度

（1）风险强度场通量

由上述可知，设有风险强度场 R_Q（M），沿其中有向曲面 S 某一侧的曲面积

分

$$\Phi = \iint_S R_Q(M)\,\mathrm{d}S \tag{3.17}$$

叫作风险强度场 $R_Q(M)$ 向积分所沿一侧穿过曲面 S 的通量。

风险强度场的通量可以表示产生风险强度场的源头的大小，也即本书中提到的风险源场总风险的大小。

（2）风险强度场散度

设有风险强度场 $R_Q(M)$，于场中一点 M 的某个邻域内作一包含 M 点在内的任一闭曲面 ΔS，设其所包围的空间区域为 $\Delta\Omega$，以 ΔV 表示其体积，以 $\Delta\Phi$ 表示从其内穿出 S 的通量，则风险强度场 $R_Q(M)$ 在点 M 处的散度表示为

$$\mathrm{div}R_Q = \lim_{\Delta\Omega \to M} \frac{\Delta\Phi}{\Delta V} = \lim_{\Delta\Omega \to M} \frac{\oiint_{\Delta S} R_Q \cdot \mathrm{d}S}{\Delta V} \tag{3.18}$$

风险强度场的散度表示场中 M 点处通量对体积的变化率，若 M 点在风险源场内，则其散度可表示风险源场单位体积风险的大小，称为风险源场的强度。

3.3.2　风险强度场的叠加

风险强度是一个矢量，因此符合矢量叠加的一般规则。不同危险源的风险强度场中的风险强度叠加，得到多个风险共同作用在空间某一点处的风险强度，物理意义是表示个人风险的变化率大小和方向。

假设 $A(x_1, y_1, z_1)$，$B(x_2, y_2, z_2)$ 两个点状风险源的风险强度，那么任意空间一点 $P(x, y, z)$ 处的风险强度叠加模型为：

$$\begin{aligned}
\Delta(RI_i) &= G(A) + G(B) \\
&= \sum_{i=1}^{2} \sigma_i f_i \left[\frac{\partial[v_i(x_0, y_0, z_0, r_i)]}{\partial x}i + \frac{\partial[v_i(x_0, y_0, z_0, r_i)]}{\partial y}j \right. \\
&\quad \left. + \frac{\partial[v_i(x_0, y_0, z_0, r_i)]}{\partial z}k \right]
\end{aligned} \tag{3.19}$$

$\Delta(RI)$ 为风险强度 A 和 B 叠加后的个人风险强度，是一个矢量。它的模表示 P 点的个人风险变化的数值大小，方向表示风险的变化指向。多个风险源可以类似的方法依次叠加，根据平行四边形法则计算得到 $\Delta(RI)$，合成后的矢量如图 3.3 所示，左图表示矢量合成，右图表示合成后的空间矢量[94]。

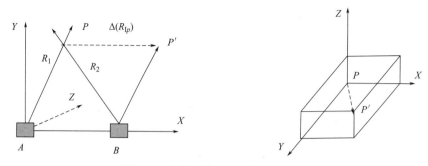

图 3.3　点状风险源矢量合成示意图

Fig. 3.3　Vector synthesis sketch of point risk source

3.4　风险场的多米诺效应

3.4.1　多米诺效应概述

在进行化工园区定量风险评价的研究中发现，多米诺效应是引起重大事故的一个重要因素，在 2000 年 Kourniotis，S. P. 等人对 1960～1999 年的 207 起重大事故做了研究分析，发现多米诺效应所占比例为 55.07%，并分四类物质做了统计，具体见图 3.4。

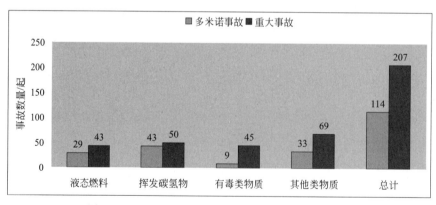

图 3.4　207 起重大事故中多米诺事故的类型和数量

Fig. 3.4　The accidents of domino effect in 207 major accidents

（1）多米诺效应的定义

Valerio Cozzani 等人做了一个较完整的多米诺效应定义[99][100]：一个由初始事件引发的，波及邻近的 1 个或多个设备，引发了二次事故的场景，从而导致了总体结果比只有初始事件时的后果更加严重。

（2）多米诺效应的存在条件

通过对历史事故的分析和已有研究的总结，认为事故产生多米诺效应具备以下三个条件[101]：

①存在初始事故；

②初始事故蔓延开来必须导致至少一个二次事故发生；

③发生的一个或多个二次（或三次等）事故产生了大于初始事故后果的严重事故场景。

（3）多米诺事故的原因

通过对以往多米诺事故的分析，发生主要有两个原因：

①低严重度初始事件（low severity initiating event，简称 LSIE）的传播[102]。这种事件的传播主要是由一些平时不太容易注意到的较小事件所引发。

②重大事故（major accidental events，简称 MAE）的相互作用[101]。由于 MAEs 破坏威力大、距离远，经常会导致临近设备或企业单元发生较为严重的二次事故，是一种典型的事故传递模式。因此，这种作用表现为设备间的相互作用，同时参与作用的设备越多导致的事故后果就越严重。

本书研究化工园区事故多米诺效应时，只考虑 MAEs 的事故扩大情况。在众多的研究之中，普遍认为热辐射、超压、抛射物（碎片）是导致事故扩大的 3 个主要因素。Valerio Cozzani 等人[99][100] 总结了由 3 种物理效应引发的 100 个多米诺事故的分析结果，见表 3.4。

100 件多米诺事故逐渐升级的物理作用　　　　表 3.4
Physical effects responsible of escalation in 100 domino accident　　Tab. 3.4

主要事故	事件数	逐渐升级传播媒介		
		热辐射	超压	碎片
池火	44	44	0	0
喷射火	8	8	0	0
火球	1	1	0	0
闪火	0	0	0	0
蒸气云爆炸	17	0	16	1
沸腾液体扩展蒸气云爆炸	13	0	0	13
机械爆炸	17	0	10	7

（4）多米诺效应机理

一旦初始单元发生火灾、爆炸等事故释放的能量作用于二级单元时，由于火灾热辐射、冲击波超压、爆炸抛射碎片等载荷的作用，施加于二级单元的能量超过其自身的承受能力时，就会触发二级单元发生事故；二级单元事故同样产生火灾热辐射、冲击波超压、爆炸抛射碎片等载荷的作用，又有可能触发三级单元发生事故，依次下去即会发生重大事故多米诺效应[103]。多米诺效应事故模式如图3.5所示。

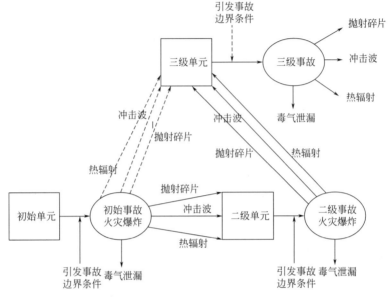

图 3.5　多米诺效应事故模式

Fig. 3.5　The mechanism of domino effect pertaining to modeling of chain of accidents

3.4.2　多米诺效应的风险分析

1. 多米诺效应风险分析流程

本书的多米诺效应风险分析流程如图3.6所示。

2. 事故多米诺效应的辨识

选取化工园区发生重大事故概率较高的事故作为初始事故，对初始事故进行事故后果分析，然后选择二次事故的目标，同时预想可能发生的多米诺场景[104][105]。初始事故的后果影响，可以利用相应的事故后果模型计算，分析热辐射、超压和飞溅碎片是否会导致二次目标也发生事故。为了简化分析的流程，我们通过 Cozzani 和 Khan 等的研究可以假设二次目标损坏就会发生相应的二次事故，同时计算方法上也做了一定的简化。具体方法在下文详细介绍。

3. 二次设备的损坏概率计算

热辐射、超压、抛射物（碎片）是导致事故多米诺效应的3个主要因素，是本书分析造成二次目标损坏概率的主要对象。根据这3种情况的设备损坏概率计

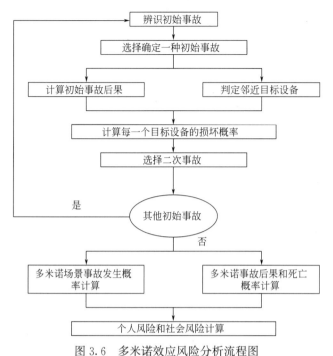

图 3.6　多米诺效应风险分析流程图

Fig. 3.6　Flow diagram of the procedure used for domino effect

算公式，进而分析多米诺事故的频率。

目前普遍认同的是 2005 年意大利学者 Valerio Cozzani 等[106] 针对不同影响因素，给出的各种目标设备的二次损坏概率模型以及相应的临界值，如表 3.5、表 3.6 所示。通过这些模型可计算出由热辐射、冲击波超压等对目标设备的损害概率变量 Y，再通过式（3.20）转换为目标的损害几率 P。

$$P = \frac{1}{\sqrt{2\pi}} \int_{-\infty}^{Y-5} \exp\left(-\frac{x^2}{2}\right) \mathrm{d}x \qquad (3.20)$$

各类初始事故的多米诺效应的临界值表　　　　　　　表 3.5

Threshold values for escalation considered in the present study　　Tab. 3.5

初始事故	目标设备	临界值
闪火	所有设备	不可能
火球	常压容器	只在火焰完全包覆罐体时发生
	压力容器	不可能
池火	常压容器	热辐射强度 15kW/m^3，作用时间超过 10min
喷射火	压力容器	热辐射强度 50kW/m^3，作用时间超过 10min

续表

初始事故	目标设备	临界值
所有超压事故	常用容器	22kPa
	压力容器	17kPa
	加长设备	16kPa(毒性物质);31kPa(可燃物质)
	小型设备	37kPa(毒性物质);不可能(可燃物质)
碎片	所有设备	300m

事故扩展概率计算模型 表 3.6

Models for escalation probability used for the case-studies Tab. 3.6

初始事故	目标设备	扩展概率模型/%
热辐射事故	竖直常压容器	$Y = 12.54 - 1.847\ln(ttf)$ $\ln(ttf) = -1.128\ln(I) - 2.667 \times 10^{-5} \times V + 9.877$
	水平压力容器	$Y = 12.54 - 1.847\ln(ttf)$ $\ln(ttf) = -0.947\ln(I) + 8.835 \times V^{0.32}$
超压事故	常用容器	$Y = -18.96 + 2.44\ln(P_s)$
	压力容器	$Y = -42.44 + 4.33\ln(P_s)$
	加长设备	$Y = -28.07 + 3.16\ln(P_s)$
	小型设备	$Y = -17.79 + 2.18\ln(P_s)$

注:Y:扩展概率;I:作用于目标设备的热辐射强度,kW/m³;V:设备体积或容积,m³;ttf:设备失效时间,s;P_s:作用于目标设备的峰值超压,kPa。

4. 多米诺效应的个人风险模型

(1) 多米诺效应的发生概率分析

设化工园区有 $n+1$ 个设备,选 1 个设备作为初始事件,那么该设备通过热辐射、超压、碎片传递给其他 n 个目标设备触发二次事故。若有 k ($k \leqslant n$) 个设备发生二次事件,其多米诺事故的数目为[101]:

$$C_n^k = \frac{n!}{(n-k)! \, k!} \tag{3.21}$$

因此,可能存在的多米诺事故数为:

$$S_总 = C_n^1 + C_n^2 + \cdots + C_n^n = 2^n - 1 \tag{3.22}$$

由上式可知,很少的设备就可能产生很大的二次事故数。因此,我们一般选取设备损坏概率较大的作为二次事故的目标设备,简化多米诺事故概率的计算。

多米诺场景的频率由下面的公式计算[101]:

$$f_d^{(k,m)} = f_{初始}\ P_d^{(k,m)} \tag{3.23}$$

$$P_d^{(k,m)} = \prod_{i=1}^{n}[1 - P_i + C(i, J_m^k)(2P_i - 1)] \tag{3.24}$$

式中，$f_d^{(k,m)}$ 为含 k 个发生二次事件的设备同时发生的第 m 种多米诺场景的期望频率；$f_{初始}$ 为初始事件的发生频率；$f_d^{(k,m)}$ 为含 k 个设备同时发生事故的第 m 种多米诺事故的概率；P_i 为目标设备 i 的事故发生概率；J_m^k 表示包含 k 个设备同时发生事故的第 m 种多米诺场景，其中 m 指的是第 m 个组合场景（$1 \leqslant m < S_{总}$），k 指第 k 个设备（$k \leqslant n$），当设备 i 属于 J_m^k 这个场景组合时，则 $C(i, J_m^k)$ 取 1，否则取 0。

（2）多米诺场景的个人风险模型

多米诺效应的个人风险模型可表示为

$$IR = f_d^{(k,m)} \times V_{d,总}^{(k,m)} \tag{3.25}$$

式中，$f_d^{(k,m)}$ 多米诺效应发生频率；$V_{d,总}^{(k,m)}$ 是对应的多米诺效应产生的死亡概率。

3.5　基于网格矩阵的风险场叠加研究

3.5.1　区域网格化及风险场等值面生成

1. 空间区域网格划分

化工园区风险场的研究就是计算园区内空间任意位置个人风险值和社会风险值，然后与所确立的风险可接受标准比较，得出评价区域内各位置风险是否可接受[107]。然而，通常情况下，化工园区是一个地理广阔、企业密集的复杂区域，致使园区危险源种类繁多、分布不均。为计算方便，首先，将化工园区划分为若干等间隔的网格区，即用一个笛卡尔坐标系将三维空间的评价区域用适当长度划分为一定规格的网格单元。网格的长度选择可根据区域大小、制图精度和实际需要等进行调整。一般选择 25～100m 较为合适。由于化工园区一般面积较大，而建筑高度相对面积较小，距离可选取 25m×25m×10m，50m×50m×20m，100m×100m×30m 等，在条件允许的情况下尽量放小。距离大小直接影响评价结果的精度，距离越小则精度越高，但计算相对耗时。

整个风险评价区域可以认为由若干小矩形组成，将每一个小矩形内等值线跟踪和填充完成后，就实现了整个网格区域等值线的跟踪和填充[108]。假定评价区域网格化设定的矩形体长宽高为 $a \times b \times c$，网格数组用 q 个二维数组 $A_q[m, n]$ 来表达，其中 m, n, q 分别表示网格纵向（y 方向）、横向（x 方向）和垂向

（z 方向）的结点数，则网格结点（i，j，k）数值为 $A_k [i，j]$，如图 3.7 所示。

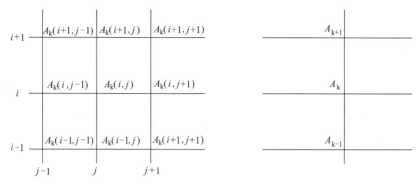

图 3.7　k 层的平面矩阵坐标图和整体立面坐标图

Fig. 3.7　Coordinate graph of plane and elevation in k layer

2. 风险场等值面生成

本书采用的风险等值面生成算法是规则矩形网格算法，首先，计算区域内每个危险源对各网格体中心产生的个人风险；然后，对每一危险源产生的风险进行叠加，得到各网格中心总的个人风险值；第三，考虑多米诺效应的影响，计算二次事故风险后进行叠加；第四，任意点（x，y，z）处的个人风险值，可通过将网格中心个人风险离散化结果进行内插计算获得[72]；最后，将个人风险值相等的点连接起来，便得到园区内不同水平个人风险等值面。

风险等值面图是在三维空间中把一种分布现象中具有相同数值的点连接成面的图形。从计算机图形学角度来看，风险等值面具有如下特点[109]：

①一条光滑连续的曲面；

②基于定义域有界原则，等值线或自封闭或与网格边界封闭；

③等值面不相交。

社会风险是在计算得出个人风险的基础上，通过与伤害范围内人口密度结合得到引起大于等于 N 人死亡的所有不同危险源的事故累积频率之和的分布曲线。

3.5.2　风险场叠加评估模型

1. 模型构建基本假设

（1）计算并生成园区的个人风险等值面和社会风险曲线，为园区安全容量评估和安全风险管理提供量化依据[110]；

（2）评价过程主要考虑企业外部安全，即企业之间的相互影响，而企业内部看作是有固定风险的风险源场；

（3）鉴于化工园区的特点，本书主要研究火灾、爆炸事故；

（4）事故后果主要考虑人员的伤亡情况，不考虑财产和环境破坏的损失；

（5）评价过程中，忽略个人风险小于 10^{-8} 的情况。

基于上述原则建立风险评价模型。

2. 风险场叠加模型

（1）个人风险叠加模型

园区内任意网格中心个人风险值计算模型可表述为[110]：

$$IR(x,y,z) = \sum_{i=1}^{n} IR_s(x,y,z) + \sum_{j=1}^{m} IR_d(x,y,z) \qquad (3.26)$$

式中，IR 为网格中心总个人风险值；IR_s 为某危险源发生火灾爆炸事故在该点的个人风险值；n 为危险源的个数；IR_d 为发生多米诺事故在该点的个人风险值；m 为多米诺事故的个数。

（2）社会风险计算模型

假设网格内的人口都集中于网格中心，这样将个人风险计算结果与人口数字相乘即得到期望的死亡人数。园区社会风险评价理论模型：

$$SR(x,y,z) = \rho \cdot IR(x,y,z) \qquad (3.27)$$

式中，SR 为预期的死亡人数；ρ 是该网格内人口密度。

通过不同死亡人数与累积频率作图即得到区域社会风险曲线（$F\text{-}N$ 曲线）。$F\text{-}N$ 曲线是事故死亡人数 N 与其超过某种损失的概率 F 之间关系的图形表示；事故后果死亡人数是指事故后果死亡人数超过某一特定值 N 的所有概率的叠加，可表示为：

$$F(N) = P(x \geqslant a) \qquad (3.28)$$

由上述可知，园区社会风险与位置无关，而是与周围人口密度有关。因此，如果没有人员出现在事故影响范围内，则社会风险为零，而个人风险值可能较高[110]。

3.6　本章小结

本章通过研究三维风险场概念和相关理论以及化工园区事故多米诺效应理论，主要得到以下结论：

（1）引入风险场、风险源场、个人风险场和社会风险场等概念，并构建了化工园区个人风险场的风险计算模型以及它们的叠加计算模型。

（2）基于场理论，提出风险强度场的概念，由风险场推导出风险强度场计算模型，并计算了风险强度场的通量和散度。风险强度场的通量可以表示产生风险强度场的源头的大小，也即风险源场总风险的大小。风险强度场的散度表示场中 M 点处通量对体积的变化率，若 M 点在风险源场内，则其散度可表示风险源场单位体积风险的大小，称为风险源场的强度。

（3）提出了化工园区多米诺效应的风险分析流程，对事故多米诺效应的辨识方法进行了总结，并分析了二次设备的损害概率计算模型以及多米诺场景的个人风险模型。

（4）基于网格矩阵，研究了风险场叠加计算的方法，给出风险场等值面生成的机理，构建出风险场叠加评估模型，为安全容量的计算提供基础技术支持。

第4章 化工园区安全容量研究

4.1 化工园区安全功能区

化工园区安全功能区是在园区总体规划功能分区的基础上，对各区域进行定量风险评价和风险安全容量分析，并结合企业的功能定位和人口密度等情况而划分的功能区。安全功能分区是化工园区为了保证安全生产而针对不同功能区采取不同级别的事故风险控制措施的前提和基础[5]。

4.1.1 安全功能区的划分

4.1.1.1 安全功能区划分的原则

化工园区安全功能区划分应遵循以下原则[12]：

（1）在划分安全功能区时，必须以符合国家的相关法律法规和标准规范为前提。若国家的法律法规和标准规范对化工园区的平面布置、安全距离等有明确要求，则应按照国家的相关规定执行。

（2）在划分安全功能区过程中，应尽量在化工园区总体规划布局的基础上进行划分，综合考虑安全投入效益的产出比。若在园区原有规划基础上考虑划分安全功能区，既能减小对园区总体布局进行调整的范围，同时降低改造与建设所带来的经济压力，又能有效地提高化工园区安全规划的可行性。

（3）安全功能区的划分不能考虑太多，过于细致。因为化工园区是一个占地面积广，各类企业众多，功能复杂的区域。如果安全功能区划分时考虑因素过多，要不就是很难归纳为几类，要不就是划分区域过多增加风险管理难度。所以在园区安全功能区划分过程中，不应过于细致，从而提高区划的可操作性。

（4）在划分安全功能区的过程中，应考虑园区各类企业在总体规划中的不同要求，在满足园区整体产业规划和符合安全生产的基本要求中，寻求布置最优化，效益最大化。

（5）安全功能区的划分依据应考虑园区化工企业的具体情况，包括企业类型和功能、生产工艺及设施、物料特性等；还有园区定量风险分布、园区安全管理和应急救援水平。

4.1.1.2 化工园区安全功能区

根据化工园区安全功能区的划分原则，可以把化工园区划分成企业生产区、仓库储存区、储罐区、行政办公及生活区、交通枢纽区共五个区域[12]。

（1）企业生产区

化工企业生产区的布局应符合相应的法律法规，如《安全生产法》《消防法》《职业病防治法》等法律法规以及《石油化工企业设计防火规范》《工业企业总平面设计规范》《建筑设计防火规范》《石油库设计规范》等标准规范的要求。

一般来说，对于产生有毒有害气体或粉尘的化工企业，其宜布置在园区当地全年最小频率风向的上风侧；对于生产、使用和储存甲类危险化学品的企业，其应布置在园区独立且较边缘的地区；企业生产区应尽量远离办公及生活区，若不可行也要有一定的安全防护措施；化工企业的选址应充分考虑地质水文和气象条件，不应受地震、洪水、雪灾等的威胁；企业生产区宜选择离工业水源较近的地点，以满足企业生产用水和消防用水的需要。

（2）仓库储存区

化工企业仓储区的布局应符合《石油化工企业设计防火规范》《建筑设计防火规范》《石油库设计规范》等标准规范的要求。仓储区的布局应该综合考虑仓库的类型与用途，储存物质的危险特性。由于化工企业储存的危险化学品可能发生火灾、爆炸、中毒等重大事故，因此，此类仓储区应布置在单独的区域，且保证与周围建（构）筑物的安全距离满足国家标准的要求；企业生产区宜选择离工业水源较近的地点，以满足企业消防用水的需要。

（3）储罐区

化工企业储罐区的布局也应符合《石油化工企业设计防火规范》《建筑设计防火规范》《石油库设计规范》等标准规范的要求。如危险性大的储罐区宜布置于地势较低的区域和化工园区独立的边缘地带；液化石油气的储罐区宜布置在地势开阔且园区全年最小频率风向的上风侧。

（4）办公及生活区

办公区及生活区设置有园区管理委员会、行政办公大楼、职工食堂、宿舍等。办公及生活区域属于目标敏感区，应当远离企业生产区、仓储区和储罐区等有危险性大的区域，以保障办公及生活区域的安全。

（5）交通枢纽区

交通枢纽区的布局应符合《工业企业总平面设计规范》的相关规定。运输易燃、易爆、有毒等危险化学品的专用码头、栈台等，必须布置在化工园区的独立区域且同其他非危险化学品码头之间的距离不应小于最大装运船舶长度的两倍，并且与主航道的距离不应小于最大装运船舶长度的一倍。

4.1.2　安全功能区可接受风险标准

可接受风险标准是根据历史的统计数据推断出来的，作为衡量系统风险的准则。前文 2.1.3 介绍过，我国针对国内现有的危险化学品企业，考虑其工艺技术、周边环境和城市规划等历史客观原因，国家安全监管总局发布了《危险化学品生产、储存装置个人可接受风险标准和社会可接受风险标准（试行）》。但这些都是针对特殊的目标，而针对化工园区安全功能区的历史数据统计资料比较匮乏，所以在国外个人风险可接受基准的研究基础上，结合国内化工园区安全规划与环境规划的实际情况，确定不同类型的安全功能区最大可接受风险标准范围见表 4.1 所示。

化工园区各类型安全功能区最大可接受风险　　　　　　　　　　　　表 4.1

The maximum acceptable risk of security function areas in Chemical Industrial Park　Tab. 4.1

安全功能区类型	最大可接受风险(/年)	确定依据
行政办公及生活区	1×10^{-6}	目标敏感
化工企业生产区	1×10^{-5}	人员密度较高
仓库储存区	1×10^{-4}	人员密度较低
储罐区	1×10^{-4}	人员密度较低
交通枢纽区	1×10^{-6}	人员高度聚集
事故缓冲或开阔区	$\geqslant 1 \times 10^{-4}$	人员密度很低

由表 4.1 中的结果，根据化学工业园区不同类型功能区对于风险的要求具有相似性，把安全功能区划分为四类：一类风险控制区、二类风险控制区、三类风险控制区和四类风险控制区[5]，详细的划分标准见表 4.2 所示。

化工园区安全功能区分类　　　　　　　　　　　　表 4.2

The classification of security function areas in Chemical Industrial Park　Tab. 4.2

风险控制分类	最大可接受风险	安全功能区类型	特点描述
一类风险控制区	1×10^{-6}	行政办公及生活区 交通枢纽区	目标敏感 人员高度聚集
二类风险控制区	1×10^{-5}	化工企业生产区	人员密度较高
三类风险控制区	1×10^{-4}	仓库储存区 储罐区	人员密度较低 人员密度较低
四类风险控制区	$\geqslant 1 \times 10^{-4}$	事故缓冲或开阔区	人员密度很低

4.2 化工园区安全容量概述

4.2.1 风险安全容量

本书绪论中提到很多政府部门文件中都提出化工园区需进行安全容量的分析和确定，但是针对化工园区安全容量的内涵存在较大分歧。何为化工园区安全容量，如何具体确定安全容量还缺乏科学合理、可操作性强的技术方法。

关于化工园区安全容量我国目前的研究主要有三种思想：一种是陈晓董等认为"化工园区安全风险容量应是化工园区内危险设施的风险程度处于可以接受条件下时危险物质的最大容量"[30][31]。把化工园区安全容量定义为一个与风险相关的危险品临界量，即整体风险在可接受风险标准下，综合考虑生产、存储、运输、使用等因素确定的一个危险品的临界量，其实质是探讨从风险的角度转化化工园区危险物质的安全数量。还有一种思想李传贵等认为"化工园区的安全容量是在园区正常的生产活动、园区人们的正常生活水平不遭受任何损害的条件下，园区能承受的最大危险量"[32][33]。该方法以安全经济学中的危险当量指数作为基础安全容量的计算依据，并引入贡献率的概念用以修正基础安全容量，通过建立贡献率影响因素指标体系，确定各因素的权重和隶属度，从而得到化工园区修正后的最终安全容量。但是表征危险当量指数的指标是化工园区事故统计指标和安全指标等，其安全容量的计算结果尚不具备独立工程应用价值，不能直接用于分析园区的安全状态。第三种思想是叶明珠等提出了企业相对安全容量及化工园区相对安全容量，定义如下[34]：1. 企业相对安全容量是指化工园区内企业发生可能影响相邻企业的事故时，在一定的可接受安全相关性范围内，事故企业所能容纳的最大危险量。2. 化工园区相对安全容量是指化工园区内各化工企业相对安全容量的总和。

其实前面所讨论的第一二种思想都提到了化工园区安全容量应当是在风险可接受的条件下，但在具体度量时又偏离开风险的观点，一个归结为危险物质量，另一个归结为各种指标，第三个归结为安全相关性。对安全容量的度量，本人认为应当采用定量风险值作为度量表征。原因是安全容量要限制的不是危险物质的数量，也不是各类安全指标，而是危险物质重大事故的风险水平。因此，本书在前人研究的基础上，提出完全基于风险的风险安全容量（risk safety capacity，RSC）的定义：在化工园区正常的生产生活中，符合国家区域可接受风险标准条件下，园区能容纳的最大风险量。由该定义可知，本书定义的风险安全容量只研究风险量。分析表明，由于化工园区各区域功能不同，条件不同，人员聚集量也不同，区域可接受风险标准各不相同，因此，风险安全容量是各个功能区能容纳的最大风险值。风险安全容量又分为固有风险安全容量和现实风险安全容量。

（1）固有风险安全容量（inherent risk capacity，IRC）

固有风险安全容量是指不考虑园区风险管理和脆弱性的影响，基于区域可接受风险标准的安全容量，可表示为：

$$IRC = R_g \tag{4.1}$$

式中　IRC——功能区的固有风险安全容量；

　　　R_g——各功能区的可接受风险标准值。

基于上述公式，若园区只有单一功能区，那么该功能区的可接受风险标准值就是该区的固有风险安全容量。若园区为多功能区，由于不同功能区的固有风险安全容量也不同，可分别定义基准固有风险安全容量（IRC_s）、最小固有风险安全容量（IRC_{min}）、最大固有风险安全容量（IRC_{max}）。

基准固有风险安全容量（IRC_s）指整个化工园区各功能区固有风险安全容量的平均值。

$$IRC = \frac{\sum_{i=1}^{n} R_{g_i}}{n} \tag{4.2}$$

式中　IRC——整个化工园区的固有风险安全容量；

　　　R_{g_i}——各功能区的可接受风险标准值；

　　　n——化工园区内功能区的数量。

最小固有风险安全容量（IRC_{min}）指化工园区中各功能区固有风险安全容量的最小值。

最大固有风险安全容量（IRC_{max}）指化工园区中各功能区固有风险安全容量的最大值。

（2）现实风险安全容量（actual risk capacity，ARC）

现实风险安全容量是指在固有风险安全容量的基础上，考虑园区风险管理和脆弱性的影响，引入风险管理指数（risk management index，RMI）和脆弱性指数（vulnerability index，VI）的安全容量，可表示为：

$$ARC = RMI \cdot VI \cdot \sum_{i=1}^{n} R_{g_i} \tag{4.3}$$

式中　ARC——整个化工园区的现实风险安全容量；

　　　RMI——风险管理指数，该指数在第 5 章中介绍；

　　　VI——脆弱性指数，该指数在第 5 章中介绍；

　　　R_{g_i}——各功能区的可接受风险标准值；

　　　n——化工园区内功能区的数量。

与前面概念相同，也可分别定义基准现实风险安全容量（ARC）、最小现实风险安全容量（ARC_{min}）、最大现实风险安全容量（ARC_{max}）。

4.2.2 剩余安全容量

为了表示符合区域可接受风险标准条件下，化工园区所能容纳风险的剩余能力，根据上述风险安全容量的定义，将化工园区风险达到符合区域可接受风险标准所额外需要或需降低的风险值定义为剩余安全容量（surplus safety capacity, SSC）。对于化工园区风险达到符合区域可接受风险标准所额外需要或需降低的风险值不仅与各功能区风险安全容量有关，还与功能区内本身存在的风险值有关。这样，化工园区剩余安全容量可表示为：

$$SSC = \sum_{i=1}^{n} (RMI \cdot VI \cdot R_{gi} - \frac{\iint_{S_i} R_{s_i} ds}{S_i}) \tag{4.4}$$

式中 SSC——整个化工园区的剩余安全容量；

RMI——风险管理指数，该指数在第 5 章中介绍；

VI——脆弱性指数，该指数在第 5 章中介绍；

R_{g_i}——功能区的风险安全容量，即相应区域的可接受风险标准；

R_{s_i}——功能区内实际存在的风险值；

S_i——功能区的面积；

n——化工园区内功能区的数量。

$SSC > 0$ 表示该化工园区可以容纳更多的风险，而 $SSC < 0$ 表示实际风险值已经超过化工园区的风险安全容量，必须采取措施削减降低风险。需要指出，根据各个功能区的不同，剩余安全容量同样也划分为基准剩余安全容量（SSC_s）、最小剩余安全容量（SSC_{min}）、最大剩余安全容量（SSC_{max}）。

4.3 基于化工园区安全容量的风险评价模型

4.3.1 基于安全容量的风险评价模型

对化工园区进行风险评价，其应满足式（4.4）。

$$\frac{\iint_S R_s ds}{S} \leqslant ARC \tag{4.5}$$

式中 ARC——现实风险安全容量；

R_s——区域内实际存在的风险值；

　　S——区域的面积。

　　基于上述公式，若园区只有单一功能区，那么 ARC 就是该功能区的现实风险安全容量。若园区为多功能区，由于不同功能区的现实风险安全容量也不同，不能简单求和后比较，应分别比较各功能区的现实风险安全容量。

　　式（4.4）左边对应化工园区的风险水平，可得到三种情况：

　　（1）满足小于号，说明园区可以接受现有风险水平，此外还能接受更多风险，园区现实风险安全容量由园区安全管理指数和园区可接受风险标准决定。

　　（2）满足等式关系，说明园区恰好可以接受现有风险水平，理论上园区内部规划和安全规划完美结合。

　　（3）大于风险上限值，说明园区不能接受现有风险水平，必须对园区总平面布置进行调整，直到尽量满足等式关系。这里还有一种特殊情况，即园区某处风险值大于固有风险安全容量，则不论园区风险水平是否小于现实风险安全容量，都要进行整改。

4.3.2　基于安全容量的安全指数

　　安全指数是一个反映事故某种特征的数值。经济社会环境方面已有各类指数，如国民生产总值（GDP）、消费价格指数（CPI）和空气质量指数（AQI）等，通过各种各样的指数可以从众多角度提供非常有用的相关信息，以便决策者通过这些信息能够做出较合理判断。安全指数是能够反映某一区域安全生产风险的一系列数值。它从各个角度给出了区域安全风险水平的定量化表征，通过相同的安全指数可以比较不同区域之间的安全状况。安全指数具有相对性、综合性、动态性和无量纲性的特点，可以对化工园区的安全生产风险状况进行科学的体现，从而指导安全生产的科学决策[111]。

　　本书在安全容量的基础上，定义了几个安全指数如下。

　　（1）风险管理指数（risk management index，RMI）

　　风险管理指数是测度风险管理综合水平的指标。它能够反映化工园区安全主管部门用以降低风险的管理手段，用于衡量通过风险识别和风险监管，并综合各种风险管理技术，从而对风险实施有效控制和减少事故损失的能力[112]。

　　（2）脆弱性指数（vulnerability index，VI）

　　脆弱性指数是测度化工园区脆弱性水平的综合指标。它能够反映化工园区承灾体（即人员、设施、环境等）遭受灾害事件破坏机会的多少与发生破坏损失的难易程度以及遭受破坏后的恢复能力。

　　本书将在第 5 章详细介绍风险管理指数和脆弱性指数的评价指标体系构建、评估模型和计算方法等内容。

　　（3）区域风险指数（regional risk index，RRI）

区域风险指数是基于风险安全容量的理论，综合衡量区域内风险水平的一种指标，可表示为

$$RRI = \sum_{i=1}^{n} \frac{\iint_{S_i} R_{s_i} ds}{ARC \cdot S_i} \tag{4.6}$$

式中　RRI——区域风险指数；

　　　　R_{s_i}——功能区内实际存在的风险值；

　　　　S——功能区的面积；

　　　　n——化工园区内功能区的数量。

（4）剩余安全容量指数（surplus capacity index，SCI）

剩余安全容量指数是基于剩余安全容量的理论，也是综合衡量区域内风险水平的一种指标，可表示为

$$SCI = \frac{SSC}{ARC} = \frac{\sum_{i=1}^{n} \left(RMI \cdot VI \cdot R_{g_i} - \dfrac{\iint_{S_i} R_{s_i} ds}{S_i}\right)}{RMI \cdot VI \cdot \sum_{i=1}^{n} R_{g_i}} = 1 - \sum_{i=1}^{n} \frac{\iint_{S_i} R_{s_i} ds}{ARC \cdot S_i} = 1 - RRI$$

$$\tag{4.7}$$

式中　SCI——剩余安全容量指数；

　　　　SSC——剩余安全容量；

　　　　ARC——现实安全容量。

4.3.3　基于安全容量的安全指数说明

风险管理指数反映的是化工园区风险管理水平和规避风险的控制措施是否有效，而脆弱性指数反映的是化工园区承受重大破坏事故的能力。如果假设园区每项措施对风险控制作用和承受重大破坏事故的能力都完美无缺，记为效果100%，那么100%是风险管理指数和脆弱性指数的理想最高值。而实际上，园区的风险管理和脆弱性并不能完全达到理想状态。本论文在下一章将构建风险管理指数和脆弱性指数的评价指标体系，研究基于模糊模式识别模型的安全指数评估方法，得出一个范围在0~1的数值，当风险管理和脆弱性无限趋于理想状态时，数值将无限趋于1；如果数字为0，即表示园区没有任何风险管理措施，脆弱性也极其不好，基本没有承受事故破坏的能力。

区域风险指数和剩余安全容量指数的和是1，两个指数是从不同的角度对区域综合风险的一种表达。区域风险指数侧重风险本身，即园区内企业生产或个人活动产生的风险大小，而剩余安全容量指数是基于安全容量理论，对整个园区风

险承受能力的体现。*SCI* 是一个小于 1 的相对数，当实际风险量大于现实安全容量时，*RRI* 大于 1，则 *SCI* 是一个负值，说明该区域风险已经超出可容纳范围。而 *SCI* 在 0～1 范围时数值越大说明区域越安全。

4.4　基于化工园区安全容量的动态分级

4.4.1　基于化工园区安全容量的动态分级流程

基于化工园区安全容量的动态分级流程如图 4.1 所示。

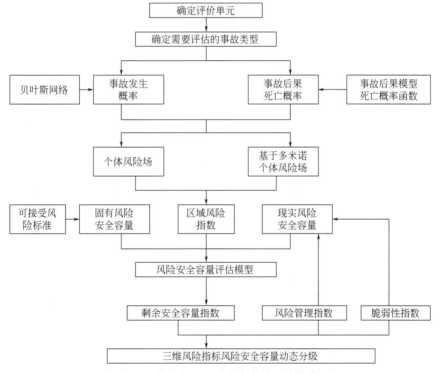

图 4.1　基于化工园区安全容量的动态分级

Fig. 4.1　The dynamic classification of safety capacity in Chemical Industry Park

4.4.2　基于三维风险指标的动态分级方法

国际上对于化工风险评价的分级监管主要有火灾、爆炸危险指数评价法[113]、蒙德法[114] 和高危、低危分级法[115] 等。国内常见的分级方法有死亡半径分级法[116]、重大危险源临界量分级法[117]、现实危险性评价法[118] [119]，易燃、易爆、有毒重大危险源评价法[114]等。这些分级方法都是针对化工企业或某个单元的风险分级，如果用于化工园区的风险分级，如重大危险源分级法以一项指标作为分级标准，缺乏完整性；如死亡半径分级法考虑的风险因素太少，缺乏系统性；又如易燃、易爆、有毒重大危险源评价法评价过程过于复杂，实际应用性不高[120]。所以，针对化工园区的风险分级目前还没有明确的方法。本书利用化工园区安全容量基本理论，建立化工园区三维风险分级模型，从化工园区的剩余安全容量指数（*SCI*）、安全管理指数（*RMI*）及脆弱性指数（*VI*）三个维度考虑园区风险，对整个化工园区进行快速分级，对政府风险监管和园区风险预警提供有力依据。

1. 三维风险指标的分级标准

本书的三维风险分级模型需要以剩余安全容量指数、安全管理指数及脆弱性指数三个指数为基础，而除了剩余安全容量指数外，安全管理指数和脆弱性指数皆是由构建复杂的指标体系经过综合评估得出。这两个指数的评价指标体系和评估方法在下一章具体介绍，而安全指数的分级标准见表4.3。

安全指数分级标准　　　　　　　　　　　　　　　　表 4.3

The grading standard of safety index　　　　　Tab. 4.3

风险等级	1 级	2 级	3 级	4 级
安全指数	$0.75 < S \leqslant 1$	$0.5 < S \leqslant 0.75$	$0.25 < S \leqslant 0.5$	$S \leqslant 0.25$

2. 化工园区三维风险分级模型

化工园区三维风险分级的设计以剩余安全容量为基础，加入安全管理指数和脆弱性指数，从园区固有风险指数、风险管理指数和剩余安全容量指数三个维度考虑化工园区风险的相对动态性，建立化工园区风险分级三维动态模型，如图4.2所示。根据安全指数分级标准，先分别将三个维度指标分级，从小到大以1234级表示。再用三维风险矩阵对化工园区整体安全状况分为四级，以Ⅰ级、Ⅱ级、Ⅲ级、Ⅳ级表示，详见表4.4。

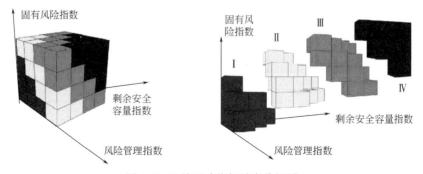

图 4.2　三维风险指标动态分级图

Fig. 4.2　The dynamic classification of 3D risk index

化工园区风险分级三维指标风险组合表　　　　　　　　　　　表 4.4

The combination of risk classification on 3D index　　　　Tab. 4.4

风险等级	三维指标风险组合
Ⅰ级(绿色)	111,112,113,122,222
Ⅱ级(黄色)	114,123,124,133,223
Ⅲ级(橙色)	134,144,224,233,234
Ⅳ级(红色)	244,333,334,344,444

注：指标风险组合级别不分先后顺序，只要符合即为该级别。例如，123、132、213、231、312、321
　　六种组合都是 123 级别，也即Ⅱ级（黄色）。

4.5　本章小结

本章以化工园区安全功能区为基础，通过引入风险安全容量和剩余安全容量
等概念，对化工园区的安全容量进行定量研究，得到以下主要结论：

（1）研究总结了化工园区安全功能区划分的原则和方法，以及不同安全功能
区对应的不同可接受风险标准，为风险安全容量的提出打下基础。

（2）探讨风险安全容量的概念，并定义了固有安全容量和现实安全容量的概
念，在此基础上提出了剩余安全容量的概念，并构建了这些针对安全容量物理量
的定量计算模型。

（3）结合第 5 章研究的风险管理指数和脆弱性指数和上述几种安全容量，提
出了化工园区安全容量的风险评价模型。

（4）基于三维风险指标，结合化工园区安全容量评价模型和相关概念，提出
了针对化工园区的三维风险动态分级模型，其能更加科学、完整的体现化工园区
整体的安全状况。

第5章 化工园区风险管理与脆弱性研究

前文在构建现实安全容量计算模型时用到两个非常重要的指数，即风险管理指数（RMI）和脆弱性指数（VI）。这两个指数既是计算现实安全容量的重要参数，也是园区安全水平的重要衡量依据。如何科学构建相应的评价指标体系是本书现实安全容量计算结果正确与否的关键前提之一，因此，如何展开对于指标的设计是本章的重点。本书在查找大量国内外文献梳理的基础上，以系统安全方法构建评价指标体系，并应用模糊模式识别模型对两个指数进行估算。

5.1 建立指标体系的原则

建立化工园区安全指数的指标体系时，必须充分考虑到影响安全指数的因素的多样性和复杂性。因为影响安全指数的因素众多且复杂，不可能对全部因素都进行考察。但是也不能只关注那些可以精确定量的指标而忽略定性的指标。建立完善的评价指标体系应该既要考虑到评价指标的精确性，又要照顾到指标的模糊性，力求使建立的指标体系更科学、更合理、真实地反映出安全指数客观实际的内涵和意义[121]。

由于化工园区的特点以及风险管理和脆弱性本身就是一个庞大且复杂的系统，影响因素众多，难于取舍，因此如何建立一个能客观、准确反映化工园区风险管理和脆弱性水平的评价指标体系还是比较有难度的。建立评价指标体系需遵循以下几个原则[121]：

（1）系统性原则

风险管理和脆弱性评价指标体系必须全面反应化工园区的实际风险管理和脆弱性水平，应该由多个子系统构成，且有一定的层次结构。每个子系统也可以单独作为一个评价体系，从一个侧面反映化工园区子系统的状况。化工园区风险管理评价指标体系通常分为法规制度、组织机构、园区规划、风险评价等几个部分；脆弱性评价指标体系一般分为人员、设施、环境等几个角度。这样便从人、机、环境、管理等多个方面构成多层次的指标体系。划分层次的多少视具体情况而定，一般多分为三层或四层。

（2）简明性原则

评价指标体系大小要适宜。如果评价体系过大，层次过多，指标过细，必将增加指标体系结构的复杂程度和评价的难度，且会掩盖了主要的影响因素；如果评价体系过小，层次过少，或者指标过于笼统，不利于对指标的精确赋值，或者指标过于简单，难以全面反映指标体系想要反映的内容。因此，明确地反映所评价安全指数与相应指标间的支配关系，既做到简单明了，便于收集资料、数据分析，又能全面准确地反映问题的实质尤为重要。

（3）客观性原则

化工园区风险管理和脆弱性水平是客观存在的，具有自然规律的属性。因此，评价指标体系从指标的构成到体系的层次结构，必须符合客观规律，从理论知识分析处获得，形成经验与知识的互补。而且必须保证评价指标的概念和外延明确，对一些模糊性指标，即使无法做到其外延明确，也必须保证其概念明确，不至于混淆。

（4）针对性原则

在建立评价指标体系时，必须针对具体系统作具体分析，以便指标体系能够真实准确反映该系统的实际问题。比如不同化工园区其风险管理和脆弱性指标体系不同。尽管都是化工园区，它们具有相似性，且某些子系统可能完全相同，但很多具体细节方面仍存在差别。

（5）稳定性原则

建立评价指标体系时，选取的指标应是变化比较稳定的、能反映同类园区风险管理和脆弱性共性的指标，那些受偶然因素影响大起大落的或者只能够反映个别园区特点的指标尽量不要选。

（6）优化处理指标原则

对于评价指标体系中的定量指标的信息获得，一般数学处理简单，数据表达人们也比较好接受和收集。但化工园区风险管理和脆弱性的许多指标是定性的，存在着亦此亦彼的模糊性很难量化，那么，通过对模糊信息的处理，能够使评价指标体系的结果更符合客观实际。

化工园区风险管理和脆弱性评价指标体系应根据不同的园区情况来具体分析、具体建立，不能一概而论。如果有的园区不涉及某些指标，则可完全不考虑。但如果为了便于化工园区之间风险管理和脆弱性的比较，那么评价指标体系通常应尽量相同，此时可以通过指标特征值进行调整。

5.2　构建化工园区风险管理指标体系

5.2.1　风险管理指标体系

化工园区风险管理水平的影响因素有很多，结合安全生产标准化的相关内容和化工园区的自身特点，可对化工园区风险管理水平评估指标进行选取。本书构建的评价指标体系主要包括安全管理法律法规和规章制度、安全管理组织机构、园区整体规划、园区风险管理、隐患排查、安全培训教育、应急救援管理和职业危害八个一级指标和二十四个二级指标。化工园区风险管理指数指标体系见图5.1。

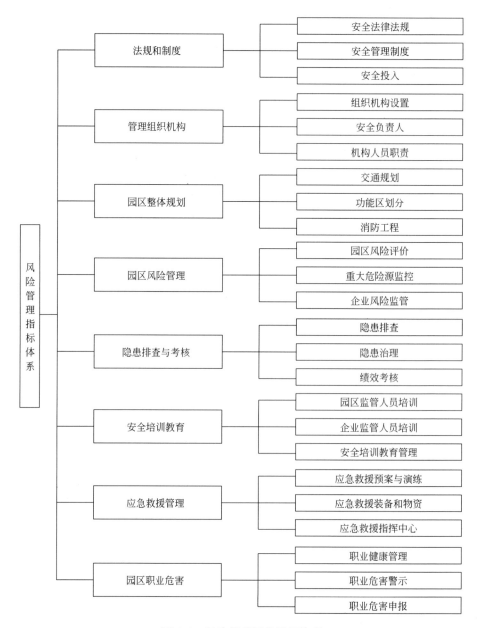

图 5.1 风险管理评价指标体系

Fig. 5.1 Evaluation index system of RMI

5.2.2　风险管理指数指标分析

本书构建的评价指标体系主要包括安全管理法律法规和规章制度、安全管理组织机构、园区整体规划、园区风险管理、隐患排查、安全培训教育、应急救援管理和职业危害 8 个一级指标和 24 个二级指标。下面对 8 个一级指标的主要内容和评估标准进行说明。

（1）法律法规和规章制度

风险管理首先必须要满足国家的相关法律法规和标准规范的要求。园区监管部门应及时更新安全管理相关法律法规和标准规范，并将其要求融入企业安全生产管理制度中。园区监管部门和企业都应建立和发布健全的安全生产规章制度并传达给从业人员，进行相关培训和考核。按照规定，至少包含下列内容：安全生产管理责任制、法律法规和标准规范管理、安全教育培训管理、安全投入管理、建设项目安全设施"三同时"管理、文件和档案管理、设备设施安全管理、危险物品及重大危险源管理、特种作业人员管理、职业健康管理、个人防护装备管理、消防安全管理、安全检查、隐患排查治理、应急管理、安全绩效评定管理等[122]。

（2）安全管理组织机构

化工园区应有健全的组织管理机构，按规定设置安全管理机构或配备安全管理人员。根据有关规定和园区实际，设立安全监督领导机构。主要负责人应按照安全生产法律法规赋予的职责，全面负责安全管理工作。

（3）园区整体规划

化工园区的整体规划是园区安全生产和安全发展的重要基础，是从源头上降低园区的事故风险[52]。园区整体规划包括：化工园区功能分区规划、公用工程规划（水、电、气、网）、园区消防规划和交通规划（码头、铁路、公路）等。

（4）园区风险管理

园区应对新建企业应进行安全评价"三同时"，对周边企业进行多米诺效应分析，对企业风险评价结果进行危险性分级，园区对企业进行分级管理，对高危企业进行重点监管。按规定企业应建立重大危险源的管理制度，并将重大危险源向安监部门和相关部门备案。而园区安全监管部门应对重大危险源采取实时监控措施[122]。

（5）隐患排查与考核

园区应建立隐患排查治理的管理制度，制定隐患排查工作方案，明确排查的目的、范围、方法和要求等[122]。园区应要求企业根据生产经营状况及隐患排查治理情况，对隐患进行分析评估，确定隐患等级，登记建档。重大事故隐患在治理前应采取临时控制措施，建立安全预警系统，如安全剩余容量分析，并制定应急救援预案。

（6）安全培训教育

园区应要求主要负责人和安全生产管理人员，具备与相应的安全生产知识和管理能力，应按规定进行培训考核合格后方可任职。对新员工进行"三级"安全教育。对操作工人进行安全教育和安全生产培训并考核，不合格的人员不得上岗。特种作业人员必须有特种作业资格证持证上岗[122]。采取多种形式的活动来促进企业的安全文化建设，促进安全生产工作。

（7）应急救援管理

应急救援管理是园区安全管理最重要的内容之一，园区应建立事故应急救援指挥中心，指定专人负责安全生产应急管理工作。按规定建立应急设施，配备应急装备，储备应急物资并制定生产安全事故应急预案[122]。对应急设施、装备和物资应定期检查、维护、保养，确保其完好可靠。园区应定期组织生产安全事故应急演练并对应急演练的效果进行评估，根据评估结果反馈修正应急救援预案。

（8）园区职业危害

企业应建立健全职业健康档案和员工健康监护档案。按规定及时、如实地向园区安委会申报生产过程存在的职业危害因素。对可能发生急性职业危害的有毒、有害工作场所，应当设置报警装置，制定应急预案，配置现场急救用品和必要的泄险区。对员工及相关方宣传和培训生产过程中的职业危害、预防和应急处理措施。

5.3 构建化工园区脆弱性指数指标体系

5.3.1 脆弱性指数指标体系

化工园区脆弱性受到园区内人员脆弱性目标的暴露程度和位置，个人防护和素质情况的影响；设施脆弱性目标的密度和位置，抗爆抗火能力的影响，环境脆弱性目标的暴露程度和位置，重要性和恢复能力的影响。化工园区脆弱性评估指标体系，见图5.2。

5.3.2 脆弱性指数指标的选取和分析

基于第2章对化工园区脆弱性影响因素的分析，本书对脆弱性指数的评价指标进行选取，构建脆弱性指数评价指标体系，主要包括：人员、设施、环境三个

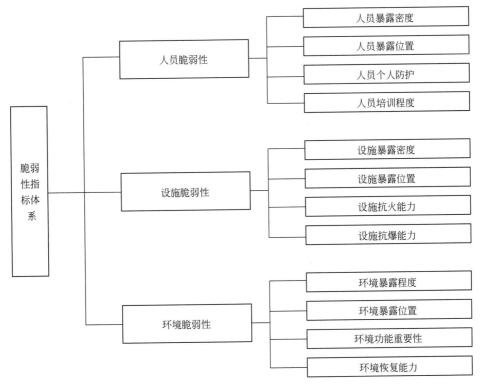

图 5.2　脆弱性指数评价指标体系

Fig. 5.2　Evaluation index system of VI

方面，3 个一级指标和 12 个二级指标。

（1）化工园区人员脆弱性指标分析

由火灾，爆炸和中毒事故后果模型可知，影响人员伤害程度的因素主要有热辐射、超压和有毒物质的浓度。而这几个指标的大小都取决于两点，一点是人员在园区内的暴露程度，另一点是人员的暴露位置。因为人员的暴露程度如在室内或在室外，其受伤害程度是有很大不同的；而另一点暴露位置距离事故发生地越近，所遭遇到的释放能量越大，与能量作用越强烈，人员伤亡越大。还有从社会风险的角度考虑，重大化工事故后果影响区域内人员密度越大，发生事故时人员伤亡的概率就越高，园区的脆弱性程度就越高。

而当人员面对火灾、有毒物质泄漏这样能量释放相对缓慢，有时间逃生的事故时，人员自身应对事故的能力对伤亡的影响较大。因此人员的易损性主要从人们的抗灾能力角度考虑，可以分为人员个人防护用品和受救援疏散培训程度两方面。

人员暴露密度：化工园区单位区域内暴露人员数目越多，事故发生时所造成伤亡的可能性越大，园区受事故影响越大，园区越脆弱。该指标定义如式（5.1）所示[123]：

$$人员暴露密度 = \frac{园区内的总人口数}{园区的总面积} \tag{5.1}$$

人员暴露位置：以化工园区定量风险值 10^{-6} 为界值，在风险值 10^{-6} 以上区域内该范围暴露人数越多，说明事故发生时人员的损伤越大，园区脆弱越高。该指标计算公式如式（5.2）所示[123]：

$$人员暴露位置 = \frac{风险值10^{-6}以上区域内人口数量}{风险值10^{-6}以上区域面积} \tag{5.2}$$

个人防护程度：当发生重大事故时，穿着个人防护用品的人员要比没有穿着的人员生存能力更强，面对灾害时抗灾能力较强，表现出的易损性较低。该指标定义如式（5.3）所示：

$$个人防护程度 = \frac{园区内总人数 - 穿戴个人防护用品人数}{园区内总人口数} \tag{5.3}$$

接受培训程度：有数据表明接受过此类安全教育、有过疏散经历、参加过应急演练、懂得自救知识的人们的逃生能力相对较强，则可以减少人员的伤亡。因此，当园区中该类人员比例越小，事故发生时可能引起的人员伤亡越大，园区脆弱性就越高。

该指标定义如式（5.4）所示：

$$接受培训程度 = \frac{区域内总人数 - 接受过培训的人数}{区域内总人数} \tag{5.4}$$

（2）化工园区设施脆弱性指标分析

化工园区内设施脆弱性的高低主要是由设施的暴露位置、密集程度以及其自身特点所决定的。由于自身的特点化工园区内设施对有毒物质泄漏敏感性较低，因而设施的脆弱性主要体现在对火灾，爆炸的暴露位置、设施密集度、敏感性和抗灾能力等方面。

设施暴露密度：设施密集程度越高，事故发生时可能损坏的设施越多，遭受的损失就越严重。园区中企业的生产装置区域、仓储区域、港口码头都属于设施密集程度高的区域，而普通住宅区，办公用地以及娱乐广场等区域的设施密集程度相对较低。园区中设施密集程度高的区域所占比例越大，事故发生后，造成的财产损失越大，园区的脆弱性就越高。该指标计算公式如式（5.5）所示[123]：

$$设施暴露密度 = \frac{各类暴露设施的总面积}{园区总面积} \tag{5.5}$$

设施暴露位置：设施作为化工园区的重要组成部分，同人员脆弱性一样，暴露的位置直接影响化工园区区域整体脆弱性的高低。该指标计算公式如式（5.6）

所示[123]：

$$设施暴露位置 = \frac{风险值10^{-6}\ 以上区域内设施总面积}{园区内设施总面积} \tag{5.6}$$

设施的耐火能力：园区内一、二级耐火等级的设施所占比例越高，设施对火灾的承受力越强，园区脆弱性越低。该指标计算公式如式（5.7）所示：

$$设施抗火能力 = \frac{耐火等级一二级设施的总面积}{园区内设施总面积} \tag{5.7}$$

设施的抗爆能力：园区内钢筋混凝土和钢框架结构的设施所占比例越高，设施对爆炸的抵抗能力越强，财产损失程度相对越小，园区脆弱性表现相对较低。其计算方法为：该指标计算公式如式（5.8）所示[123]：

$$设施抗爆能力 = \frac{钢筋混凝土和钢框架结构设施的总面积}{园区内设施总面积} \tag{5.8}$$

（3）化工园区环境脆弱性分析

园区内环境脆弱性目标主要为重要水源地，天然水体、绿化带甚至自然保护区等，这些环境脆弱性目标对火灾、爆炸事故敏感性较低或者恢复力较强，而其脆弱性主要表现在承受有毒有害物质的泄漏的抗污染能力。

环境暴露比例：化工园区中环境脆弱性目标暴露的越多，泄漏事故所造成的损失越大，后果越严重，园区的脆弱性越高。该指标计算公式如式（5.9）所示[123]：

$$环境暴露比例 = \frac{非人工用地面积}{园区总面积} \tag{5.9}$$

环境暴露位置：化工园区中的危险化学品泄漏源有两种，一种是生产、使用和储存危险化学品的固定泄漏源，另一种是运输危险化学品的移动泄漏源。环境脆弱性目标距离这些危险化学品泄漏源越近，遭到环境污染的可能性越大，园区中该类环境脆弱性目标所占比例越大，园区脆弱性就越高。该指标计算公式如式（5.10）所示[123]：

$$环境暴露位置 = \frac{污染范围内自然环境面积}{自然环境总面积} \tag{5.10}$$

环境功能的重要性：当一些对生产和生活等具有特殊的重要功能、能直接影响到区域健康发展的区域遭受到有毒有害物质污染时，不仅影响范围大而且后果十分严重。因此，化工园区中环境重要功能区域所占比例越高，可能遭受的环境污染的后果越严重，区域脆弱性程度越高。该指标计算公式如式（5.11）所示[123]：

$$环境功能重要性 = \frac{重要环境所占面积}{自然环境总面积} \tag{5.11}$$

环境的恢复能力：化工园区有些区域遭受化工事故的侵害时，很可能会影响生态系统的安全，使得生态环境和资源难以恢复再生。在化工园区事故影响范围内，该类区域所占比例越大，事故所引发的后果越严重，该区域的脆弱性就越高。该指标计算公式如式（5.12）所示[123]：

$$环境恢复能力 = \frac{难以恢复的环境所占面积}{自然环境总面积} \tag{5.12}$$

5.4　指标体系权重和特征值量化处理

5.4.1　指标体系的权重处理

指标的权重是指标在风险管理指数和脆弱性指数评价中相对重要程度的综合度量，它表示在其他指标不变的情况下该指标的变化对结果的影响。由于安全指数本身的复杂性和指标的模糊性，要想科学、合理地确定指标的权重是一件比较困难的事情。为此人们对指标权重的确定方法进行了大量的研究[121]。目前常用的权重处理方法有层次分析法和专家打分法。专家打分法相对比较简单，但应用效果有时不尽如人意。层次分析法 AHP（The Analytic Hierarchy Process）近年来获得了广泛应用[124]。该方法将人的判断用数量的形式表示出来，改变了长期以来人们对复杂的系统主要靠主观判断、缺乏逻辑思维方式进行决策的状况。本书采用层次分析法确定指标的权重。

权重的计算：

传统 AHP 法的基本原理是：首先将问题层次化，即将问题分解为不同的组成因素，按照因素间的相互影响和隶属关系将其分层聚类组合；然后对各层的因素进行对比分析，引入 1～9 比率标度法构造出判断矩阵，通过求解判断矩阵的特征向量得到各因素的相对权重；最后计算待选方案相对于最终目标的相对重要性排序，以此作为方案决策的依据。

对于判断矩阵，免不了出现判断上的不一致性[125]，它可能导致评价结论的错误与一致性检验的错误即破坏层次分析法的主要功能——方案的优选排序，主要原因为 1～9 标度的评分与语言判断习惯不协调所造成。

本书采用 3 标度判断法代替 9 标度判断法建立判断矩阵：即当甲、乙两元素比较时，若甲比乙重要，则用 1 表示；若甲与乙同等重要，则用 0 表示；若甲没有乙重要，则用 −1 表示。建立基于改进层次分析法的不同类别专家建议的权重值，并通过专家问卷获得各权重系数[126]。

改进的层次分析法步骤如下：

（1）建立层次结构模型，分为目标层、准则层和指标层。

（2）建立比较矩阵 A_{ij}。

在专家评分后，对每组指标进行两两比较其相对重要性，采用三标度法，得出相应的比较矩阵 A_{ij}：

$$A = \begin{bmatrix} A_{11} & A_{12} & \cdots & A_{1n} \\ A_{21} & A_{22} & \cdots & A_{2n} \\ \vdots & \vdots & \vdots & \vdots \\ A_{n1} & A_{n2} & \cdots & A_{nn} \end{bmatrix} \qquad (5.13)$$

$$A_{ij} = \begin{cases} 2 & \text{第 } i \text{ 因素比第 } j \text{ 因素重要} \\ 1 & \text{第 } i \text{ 因素和第 } j \text{ 因素同样重要} \\ 0 & \text{第 } i \text{ 因素没有第 } j \text{ 因素重要} \end{cases}$$

其中 A_{ij} 为第 i 指标与第 j 指标相对比的重要性，且有 $A_{ij} = 1$。

（3）计算重要性排序指数 r_i

$$r_i = \sum_{i=1}^{n} A_i \qquad (5.14)$$

取 $r_{\max} = \max\{r_i\}$，$r_{\min} = \min\{r_i\}$。

（4）构造判断矩阵 B_{ij}

构造判断矩阵，其元素 B_{ij} 遵循以下算式：

$$B_{ij} = \begin{cases} \dfrac{r_i - r_j}{r_{\max} - r_{\min}}(k_m - 1) + 1, & r_i \geqslant r_j \\[2mm] \left[\dfrac{r_j - r_i}{r_{\max} - r_{\min}}(k_m - 1) + 1 \right]^{-1}, & r_i < r_j \end{cases} \qquad (5.15)$$

取 $k_m = \dfrac{r_{\max}}{r_{\min}}$

（5）B_{ij} 的传递矩阵 C_{ij}

$$C_{ij} = \lg b_{ij}, (i, j = 1, 2, \cdots, n) \qquad (5.16)$$

（6）C_{ij} 的最优传递矩阵 D_{ij}

$$D_{ij} = \frac{1}{n} \sum_{k=1}^{n} (c_{ik} - c_{jk}) \qquad (5.17)$$

（7）B_{ij} 的拟优一致矩阵 B'_{ij}

$$B'_{ij} = 10^{d_{ij}} \qquad (5.18)$$

（8）B'_{ij} 的特征向量

计算 B'_{ij} 每一行乘积 $M_i = \prod\limits_{j=1}^{n} B'_{ij}$，$(i = 1, 2, \cdots, n)$，然后计算方根 $\overline{W_i} = \sqrt[n]{M}$，最后对向量 $\overline{W} = (\overline{W_1}, \overline{W_2}, \cdots, \overline{W_n})^T$ 作归一化处理，即 $\overline{W_i} = \dfrac{\overline{W_i}}{\sum\limits_{i=1}^{n} \overline{W_i}}$，

则 $W = (W_1, W_2, \cdots, W_n)^T$ 为每组单排序的结果。

5.4.2 指标特征值量化方法

1. 定量指标特征值量化方法

在依据建立评价指标体系原则，构建出一套完整的指标体系后，对所建立的指标体系中的各个指标进行量化，在目前的情况下，对于定量指标，其指标特征值的确定主要有以下几种方法：

（1）仪器测试法。这种方法主要适用于那些可以通过仪器直接测试获得数据的指标。

（2）数理统计法。如安全监控系统的可靠性统计，它主要建立在对以往大量的数据进行分析的基础之上。

（3）调查法。某些定量指标特征值可通过调查获得。例如，人员安全培训情况可通过查阅有关档案资料及向有关人员调查获得。

2. 定性指标特征值量化方法

对于定性指标，由于受主观因素的影响，获得准确、可靠的特征值相对比较困难。目前应用最为广泛的是特尔裴法（又称专家评议法）。这种方法的关键在于专家的选择。由于专家的职务、知识、经验、考虑问题的角度以及对现场的了解情况不同，那么对同一个指标所赋的特征值会有较大差别，即使在选择专家时采用分层抽样的方法，这一现象也很难避免。由于定性指标的量化相对定量指标来说更具有模糊性、随机性，而且不同的专家对同一指标特征的把握会包含有其个人特定的心理过程，所以让专家对某一指标的赋值给出一个确定的精确值十分困难，而且也很难与实际相符。依据模糊数学的思想，让专家对某一指标特征值不是给出一个精确值，而是给出一个区间值，或者给出一个带有自信度的确定值，然后再对专家所给出的指标特征值进行相应的处理，这样所得的结果将更符合客观实际。集值统计法为处理这类问题提供了一种有效的方法。

集值统计试验是对某个随机集的重复实现。相对于模糊统计来说，集值统计更有希望应用到那些必须依靠心理测量的决策过程。

对于定性指标，专家所赋的特征值均为无量纲特征值。

设某一子指标体系其危险性评价指标有 m 个，它所构成的集合为

$U = \{u_1, u_2, \Lambda \bigcup u_i, \Lambda, u_m\}$，参与确定指标无量纲特征值的专家有 q 个，所构成的集合为 $P = \{p_1, p_2, \Lambda, p_j, \Lambda, p_q\}$。

（1）置信法

对于指标 u_i 专家 p_j 依据其自己的评价标准和对该指标有关情况的了解给出了一个确定的特征值和自信程度（置信度），两者构成一数对 (a_{ij}, α_{ij})，由此

构成一集值统计序列：$(a_{i1}，\alpha_{i1})，(a_{i2}，\alpha_{i2})，\Lambda，(a_{ij}，\alpha_{ij})，\Lambda，(a_{iq}，\alpha_{iq})$。那么评价指标 u_i 的特征值可按下式进行计算[23]：

$$\chi_i = \sum_{j=1}^{q}(a_{ij}\alpha_{ij}) / \sum_{j=1}^{q}\alpha_{ij} \qquad (5.19)$$

式中 $i=1，2\cdots m$；$j=1，2\cdots q$。

（2）综合分析法

综合分析法是受模糊数学的启发从多元分析中产生出来的一门不同于多元分析的新的数学方法。风险管理和脆弱性评价指标的特征值具有很强的模糊性，运用综合分析法确定特征值具有较高的精度。

对于指标 u_i，专家 p_j 依据其自己的评价标准和对该指标有关情况的了解给出一个特征值区间 $[a_{ij}，b_{ij}]$，由此构成一集值统计序列：$(a_{i1}，b_{i1})$，$(a_{i2}，b_{i2})$，Λ，$(a_{ij}，b_{ij})$，Λ，$(a_{iq}，b_{iq})$。则评价指标 u_i 的特征值可按下式进行计算：

$$\chi_i = \frac{1}{2}\sum_{j=1}^{q}w_j(b_{ij}^2 - a_{ij}^2) / \sum_{j=1}^{q}w_j(b_{ij} - a_{ij}) \qquad (5.20)$$

借助灰色系统理论中的关联度分析，可以确定各个专家的赋值与按照（5.21）求得的指标特征值的关联程度。

$$\zeta_j = \frac{1}{m}\sum_{i=1}^{m}\frac{\min_j\min_i\Delta_{ij} + \rho\max_j\max_i\Delta_{ij}}{\Delta_{ij} + \rho\max_j\max_i\Delta_{ij}} \qquad (5.21)$$

式中 $\Delta_{ij} = |x_i - u_{ij}|$，$u_{ij}$ 为区间 $[a_{ij}，b_{ij}]$ 的下限、中值和上限的一种；
ρ——分辨系数，其大小不影响关联度的大小顺序，通常取 0.5。

5.4.3 基于模糊模式识别的指数评估方法

1. 模糊模式识别方法基本模型

风险管理指数和脆弱性指数评价是一个模式识别问题。模糊模式识别要解决的问题是：已知若干个模式或标准样本，识别与计算研究对象属于各个模式的相对隶属度，计算相对状态（或级别）特征值，识别判断研究对象属于哪一个模式或标准样本。

模糊模式识别模型有多种。陈守煜教授在提出绝对隶属度与相对隶属函数、相对隶属度与隶属函数等定义的基础上，提出了目标相对优属度的概念及新型的模糊模式识别模型，该模型导出过程严密，数学物理概念清晰，且可以实现系统危险性等级隶属度向量的离散化[127]。

设有需要对模糊概念或模糊子集 $\underset{\sim}{A}$ 进行识别的 n 个样本组成的集合，有 m 个指标（或目标）特征值表示样本的整体特征，则样本集的指标（或目标）特征值矩阵为

$$X_{m \times n} = \begin{bmatrix} x_{11} & x_{12} & \cdots & x_{1n} \\ x_{21} & x_{22} & \cdots & x_{2n} \\ \cdots & \cdots & \cdots & \cdots \\ x_{m1} & x_{m2} & \cdots & x_{mn} \end{bmatrix} = (x_{ij}) \tag{5.22}$$

式中 x_{ij}——样本 j 指标 i 的特征值，$i=1,2 \cdots m$；$j=1,2 \cdots n$。

如样本集依据 m 项指标按 c 个状态或级别的已知指标标准特征值进行识别，则有指标标准特征值矩阵

$$Y_{m \times c} = \begin{bmatrix} y_{11} & y_{12} & \cdots & y_{1c} \\ y_{21} & y_{22} & \cdots & y_{2c} \\ \cdots & \cdots & \cdots & \cdots \\ y_{m1} & y_{m2} & \cdots & y_{mc} \end{bmatrix} = (y_{ih}) \tag{5.23}$$

式中 y_{ih}——指标 i 的 h 级标准特征值，$h=1,2 \cdots c$；$i=1,2 \cdots m$。

应用相对隶属度、相对隶属函数的定义式（5.27）建立对模糊子集或模糊概念 $\underset{\sim}{A}$ 进行识别的参考连续统或参照系。为此，首先确定参考连续统上关于 $\underset{\sim}{A}$ 的极点，然后在参考连续统上定义对 $\underset{\sim}{A}$ 识别的指标相对隶属函数。

一般评价体系指标可以分为：效益型指标，即指标特征值越大越安全；成本型指标，即指标特征值越小越安全；三角形指标，即指标特征值在小值的区间内越小越安全；梯形指标，即指标特征值在 $[a,b]$ 内最安全，在小于 a 的区间内越大越安全，大于 b 的区间内越小越安全。

假设化工园区风险管理和脆弱性分为 c 个等级，设 c 越小危险性越小，即 c 越小系统的安全性越高，则对于成本型指标和效益型指标来说，指标的相对隶属度（隶属函数）公式为

$$r_{ij} = \begin{cases} 0 & (x_{ij} \geqslant y_{i1}) \text{ 或} (x_{ij} \leqslant y_{i1}) \\ \dfrac{x_{ij} - y_{ic}}{y_{i1} - y_{ic}} & (y_{i1} > x_{ij} > y_{ic}) \text{ 或} (y_{i1} < x_{ij} < y_{ic}) \\ 1 & (x_{ij} \geqslant y_{ic}) \text{ 或} (x_{ij} \leqslant y_{ic}) \end{cases} \tag{5.24}$$

h 级指标标准特征值对 $\underset{\sim}{A}$ 的相对隶属度（隶属函数）为

$$s_{ih} = \begin{cases} 0 & (y_{ih} = y_{i1}) \\ \dfrac{y_{ih} - y_{ic}}{y_{i1} - y_{ic}} & (y_{i1} > y_{ih} > y_{ic}) \text{ 或} (y_{i1} < x_{ih} < y_{ic}) \\ 1 & (y_{ih} = y_{ic}) \end{cases} \tag{5.25}$$

式中 r_{ij}——样本 j 指标 i 特征值对 $\underset{\sim}{A}$ 的相对隶属度；

y_{i1}、y_{ic}——指标 i 的 1 级、C 级标准特征值；

s_{ih}——级别 h 指标 i 标准特征值对 $\underset{\sim}{A}$ 的相对隶属度；

y_{ih}——级别 h 指标 i 的标准特征值。

对于三角形及梯形指标来的隶属度公式说，可根据以上两式进行相应地变换后给出。对于 c 越大安全等级越高的情况，可由模糊集合的余集定理来求出。

由隶属度计算公式（5.24）、（5.25）与特征值矩阵（5.22）、（5.23）可计算出对 $\underset{\sim}{A}$ 的指标与指标标准特征值的相对隶属度矩阵分别为

$$R_{m\times n} = \begin{bmatrix} r_{11} & r_{12} & \cdots & r_{1n} \\ r_{21} & r_{22} & \cdots & r_{2n} \\ \cdots & \cdots & \cdots & \cdots \\ r_{m1} & r_{m2} & \cdots & r_{mn} \end{bmatrix} = (r_{ij}) \qquad (5.26)$$

$$S_{m\times c} = \begin{bmatrix} s_{11} & s_{12} & \cdots & s_{1c} \\ s_{21} & s_{22} & \cdots & s_{2c} \\ \cdots & \cdots & \cdots & \cdots \\ s_{m1} & s_{m2} & \cdots & s_{mc} \end{bmatrix} = (s_{ih}) \qquad (5.27)$$

设样本集对 $\underset{\sim}{A}$ 各个级别的相对隶属度矩阵为

$$\mu_{c\times n} = \begin{bmatrix} \mu_{11} & \mu_{12} & \cdots & \mu_{1n} \\ \mu_{21} & \mu_{22} & \cdots & \mu_{2n} \\ \cdots & \cdots & \cdots & \cdots \\ \mu_{c1} & \mu_{c2} & \cdots & \mu_{cn} \end{bmatrix} = (\mu_{hj}) \qquad (5.28)$$

式中　μ_{hj}——样本 j 对 A 级别 h 的相对隶属度，$j=1$，$2\cdots n$；$h=1$，$2\cdots c$。

由于样本 j 在级别区间 $[a_j,\ b_j]$ 范围内，故矩阵 μ 应满足归一化约束条件

$$\begin{cases} \sum\limits_{h=1}^{c} \mu_{hj} = 1, & \forall j \\ 0 \leqslant \mu_{hj} \leqslant 1 \end{cases} \qquad (5.29)$$

设样本集指标的权重矩阵为

$$W_{m\times n} = \begin{bmatrix} w_{11} & w_{12} & \cdots & w_{1n} \\ w_{21} & w_{22} & \cdots & w_{2n} \\ \cdots & \cdots & \cdots & \cdots \\ w_{m1} & w_{m2} & \cdots & w_{mn} \end{bmatrix} = (w_{ij}) \qquad (5.30)$$

式中　w_{ij}——样本 j 指标 i 的权重，同样也应满足归一化条件

$$\begin{cases} \sum\limits_{i=1}^{m} w_{ij} = 1, & \forall j \\ 0 \leqslant w_{ij} \leqslant 1 \end{cases} \qquad (5.31)$$

样本 j 的 m 个指标特征用向量表示为

$$r_j = (r_{1j}, r_{2j}, \cdots r_{mj})^T \qquad (5.32)$$

级别 h 的 m 个指标标准特征值用向量表示为

$$s_h = (s_{1h}, s_{2h}, \cdots s_{mh})^T \tag{5.33}$$

样本 j 与级别 h 之间的差异，用广义距离表示为

$$d_{hj}^* = \left[\sum_{i=1}^{m} (w_{ij} |r_{ij} - s_{ih}|)^p \right]^{1/p} \tag{5.34}$$

通常在工程领域样本 j 指标 i 的重要程度是不同的，即样本 j 指标 i 的权重不同，故在式（5.34）中引入权重矩阵式（5.30），于是样本 j 与级别 h 之间的差异可用广义加权距离表示为

$$d_{hj} = \| w_j |r_j - s_h| \| = \left[\sum_{i=1}^{m} (w_{ij} |r_{ij} - s_{ih}|)^p \right]^{1/p} \tag{5.35}$$

式中 p——距离参数，$p=1$ 时为海明距离；$p=2$ 时为欧氏距离。

为了完善地描述样本 j 与级别 h 之间的差异，陈守煜给出了如下定义：

设有指标权重矩阵 W，指标特征值相对隶属度矩阵 R，指标各级标准特征值相对隶属度矩阵 S，样本集对模糊概念 $\underset{\sim}{A}$ 各级相对隶属度矩阵 μ，则称

$$D_{hj} = \mu_{hj} d_{hj} = \mu_{hj} \left\{ \sum_{i=1}^{m} [w_{ij}(r_{ij} - s_{ih})]^p \right\}^{\frac{1}{p}} \tag{5.36}$$

为样本 j 与级别 h 之间的加权广义权距离。

为了求解样本 j 对模糊概念 $\underset{\sim}{A}$ 的级别 h 的最优相对隶属度，建立目标函数

$$\min\{F(u_{hj})\} = \min\left\{ \sum_{j=1}^{n} \sum_{h=1}^{c} (u_{hj} \left[\sum_{i=1}^{m} (w_{ij} |r_{ij} - s_{ih}|)^p \right]^{1/p})^2 \right\} \tag{5.37}$$

对于式中的 a_j 与 b_j，是将样本 j 的 m 个指标相对隶属度 r_{1j}，r_{2j}，Λ，r_{mj} 分别与矩阵 S 的第1、第2、…、第 m 行的行向量：

$(s_{11}, s_{12}, \Lambda, s_{1c})(s_{21}, s_{22}, \Lambda, s_{2c})$，$\Lambda$，$(s_{m1}, s_{m2}, \Lambda, s_{mc})$ 逐一进行比较，即可得样本 j 的级别上限值 b_j 和级别下限值 a_j。

根据目标函数（5.37）与约束条件（5.29）构造拉格朗日函数，将等式约束求极值变为求无条件极值问题，设 λ_j 为拉格朗日乘数，则对应的拉格朗日函数为

$$L(u_{hj}, \lambda) = \sum_{h=1}^{c} u_{hj}^2 d_{hj} - \lambda(\sum_{h=1}^{c} u_{hj} - 1) \tag{5.38}$$

$$\frac{\partial L}{\partial u_{hj}} = 2u_{hj} d_{hj} - \lambda = 0$$

$$u_{hj} = \frac{\lambda}{2 d_{hj}} \tag{5.39}$$

$$\frac{\partial L}{\partial \lambda} = \sum_{h=1}^{c} u_{hj} - 1 = 0 \tag{5.40}$$

由式（5.39）、式（5.40）得

$$\lambda = 2/(\sum_{h=1}^{c} 1/d_{hj}) \tag{5.41}$$

由式（5.39）、式（5.41）可有（并将求和下标 h 变换成 k）

$$u_{hj} = \frac{1}{d_{hj} \sum\limits_{h=1}^{c} \dfrac{1}{d_{hj}}} = \frac{1}{\sum\limits_{h=1}^{c} \left[\dfrac{\left[\sum\limits_{i=1}^{m} (w_{ij}\,|\,r_{ij} - s_{ih}\,|)^p \right]^{\frac{2}{p}}}{\sum\limits_{i=1}^{m} (w_{ij}\,|\,r_{ij} - s_{ik}\,|)^p} \right]} \tag{5.42}$$

最终得出样本 j 对模糊概念 $\underset{\sim}{A}$ 的级别 h 的最优相对隶属度 u_{hj} 的最终表达式如下：

$$u_{hj} = \begin{cases} 1 & d_{hj} = 0 \\[3mm] \dfrac{1}{\sum\limits_{k=a\min}^{a\max} \left[\dfrac{\left[\sum\limits_{i=1}^{m} (w_{ij}\,|\,r_{ij} - s_{ih}\,|)^p \right]^{\frac{2}{p}}}{\sum\limits_{i=1}^{m} (w_{ij}\,|\,r_{ij} - s_{ik}\,|)^p} \right]} & a_j \leqslant h \leqslant b_j,\, d_{hj} \neq 0 \\[3mm] 0 & h < a_j \text{ 或 } h > b_j \end{cases} \tag{5.43}$$

2. 多层系统模糊集评价方法

本书采用模糊模式识别模型[128] 对化工园区风险管理和脆弱性评价指标体系进行综合评判。根据规定的 C 级危险性标准值，对基本单元系统用模型进行评价，可得样本对各个危险级别的相对隶属度向量 $u = (u_1, u_2, \Lambda, u_c)$。$u$ 表示了考虑各级危险性标准后基本单元系统的评价结果或输出。

设在同一层次的系统中有 t 个并列的基本单元系统，这些基本单元系统的输出构成某个综合单元系统的输入。记第 l 个基本单元系统的输出为

$$u_l = (u_{11}, u_{21}, \Lambda, u_{hl}, \Lambda, u_{cl}) \tag{5.44}$$

令 $v_{lh} = u_{hl}$，$l = 1, 2, \Lambda, t$；$h = 1, 2, \Lambda, c$。

则综合单元系统的输入为 $t \times c$ 的模糊矩阵

$$V_{t \times c} = \begin{bmatrix} v_{11} & v_{12} & \cdots & v_{1c} \\ v_{21} & v_{22} & \cdots & v_{2c} \\ \cdots & \cdots & \cdots & \cdots \\ v_{t1} & v_{t2} & \cdots & v_{tc} \end{bmatrix} = (v_{lh}) \tag{5.45}$$

应用模糊模式识别模型，该综合单元系统的输出或对各个危险级别的相对隶属度行向量为

$$B = (b_1, b_2, \Lambda, b_c) = (w_1, w_2, \Lambda, w_t) \mathrm{o} \begin{bmatrix} v_{11} & v_{12} & \cdots & v_{1c} \\ v_{21} & v_{22} & \cdots & v_{2c} \\ \cdots & \cdots & \cdots & \cdots \\ v_{t1} & v_{t2} & \cdots & v_{tc} \end{bmatrix} \tag{5.46}$$

式中"o"为复合算子，可采用线性加权平均算子。

对于位居更高层次的综合单元系统的输入、输出进行计算，最后可得综合评价结果即样本对于各个级别的相对隶属度。最后采用加权相加的方法得出风险管理指数和脆弱性指数的值。这两个数值是无量纲的相对数，用于为化工园区风险管理水平和脆弱性程度分级，以及化工园区安全容量的计算。

5.5　本章小结

本章通过对化工园区风险管理以及脆弱性分析，提出风险管理指数和脆弱性指数的计算方法，得到以下主要结论：

（1）通过对化工园区安全管理以及事故特征分析，构建了风险管理指数的评价指标体系，并对指标的选取和解释做了说明。

（2）通过对化工园区的脆弱性分析，构建了脆弱性指数的评价指标体系，并对指标的选取和解释做了说明。

（3）采用基于模糊模式识别的指数评估方法，对指标体系的权重和特征值量化方法进行了阐述说明。

第6章 化工园区安全规划研究

化工园区安全规划是指人们为使化工园区工业生产过程安全与经济社会协调发展，而对自身活动所做的时间和空间的合理安排[52]。化工园区从提出方案到开始建设到整体运行，一般要经过漫长的建设周期，并且随着入驻企业数量的增加，园区的整体风险也在逐渐增加，风险的类型也在不断变化[129]。因此，园区安全规划作为总体规划的重要组成部分，应和园区总体规划同步编制。为了降低园区风险，减少园区隐患，园区的安全规划工作应该贯穿包括园区论证可行性阶段、园区建设阶段、园区运行生产阶段和园区废物处置阶段的整个生命周期中。如图6.1所示[132]。

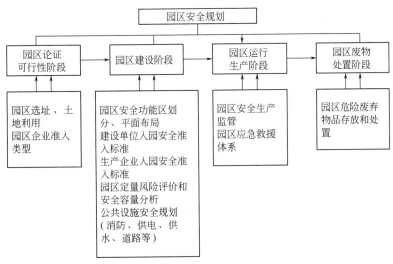

图 6.1　化工园区安全规划各阶段

Fig. 6.1　The stage of safety planning for chemical industry park

6.1　安全规划的任务和原则

6.1.1　安全规划的主要任务

化工园区安全规划是园区总体规划中的重要组成部分，是一个重要的专项规划。它依据国家有关的安全法律法规和标准规范，结合园区总体规划，对园区建设各个阶段提出安全控制性要求。化工园区安全规划是园区安全可持续发展的基础，是建立完善有效的园区安全管理体系的重要依据，对促进园区健康发展有着重要的意义[133]。化工园区安全规划的主要任务有以下几个方面：

① 化工园区与周边安全问题[134]。化工园区安全规划首先要进行科学选址，充分考虑园区与周边环境之间的安全距离问题。如周边有居民区、危险建（构）筑物、医院、学校等人员聚集场所应论证园区对周边的影响，个人风险和社会风险是否符合可接受风险标准。

② 化工园区企业布局优化。运用基于"安全距离"、基于"事故后果"、基于"风险"等区域定量风险评价方法，对园区企业布局进行最优化设计，合理规划园区内各企业的平面布置，降低园区整体风险。

③ 化工园区安全容量。在建设化工园区过程中对其进行安全容量分析，以合理控制化工园区的产业类型和产业规模，防止园区无序发展。

④ 化工园区安全准入。对入驻化工园区的企业进行安全准入判定，结合安全容量分析，控制化工园区的风险总量。

6.1.2 化工园区安全规划的原则

化工园区安全规划应在园区总体规划所确定的园区性质、规模、地质气象、功能分区、企业布局和公共设施规划等进行综合研究，体现出安全规划的科学性、合理性和可操作性[133]。

化工园区安全规划应遵循以下原则[130]：

① 科学性原则。化工园区安全规划要坚持定性与定量分析相结合。区域定量风险评价技术已经研究了很多年，有了很多突破性进展，但是还远不能解决所有问题。化工园区安全规划涉及的影响因素类型众多且非常复杂，有些指标定量计算和分析并不能很好地反映实际情况，应该在定量计算的同时结合以往的历史经验做适当定性分析，尽可能地进行科学规划。

② 系统性原则。化工园区作为一个系统，它的风险同样具有系统的属性。因此，安全规划要从园区整体布局出发，综合考虑协调园区各个方面，使其成为园区总体规划的有效支撑。

③ 政策性原则。化工园区安全规划必须符合国家的相关安全法律法规和标准规范，且要及时更新并结合新的法律法规和标准规范来对安全规划进行修正，以保证化工园区安全规划的实时性[133]。

④ 可操作性原则。从实际出发，坚持因地制宜、合理布局、突出重点，安全规划措施要切实可行，与园区发展相协调，具有可操作性。

⑤ 安全功能分区原则。安全功能分区是园区规划的基本内容之一，是预防

重大事故后果的根本措施，是园区风险管理的前提和基础。本书 4.1 节化工园区安全功能区中，介绍了安全功能区的划分原则和方法，以及化工园区安全功能区的相关内容。

⑥ 加强风险管理原则。加强风险管理是保证园区安全规划效果的重要方式，运用法律、行政、市场和技术等手段促进园区安全规划的发展，全面提高园区的安全水平。

6.2　化工园区安全规划的技术方法和主要内容

6.2.1　化工园区安全规划的技术方法

国外对园区安全规划主要采用基于"安全距离"、基于"事故后果"、基于"风险" 3 种评价方法支持土地使用规划的决策[135]。还有部分学者从事基于"多米诺效应"的研究。我国学者在上述方法基础上提出了基于"风险补偿"的评价方法用于区域风险评价。这几种方法在绪论中都有介绍，其中基于"安全距离"和基于"事故后果"的方法简单，用于规划的依据仅仅是距离指标，比较适用于单一危险源周边的安全规划问题。基于"多米诺效应"是研究区域风险的一种特殊情况，可以作为风险评价的补充。而基于"风险"和基于"风险补偿"的方法可以将各种不同类型的危险转化为相同的指标——死亡概率，因此更适用于大范围危险设施的区域安全规划。

本书在研究了基于风险、风险补偿和多米诺的方法基础上，引入安全容量的理论思想，用定量风险和风险补偿方法为手段，考虑多米诺效应对化工园区的影响，以安全容量评估为核心，构建了基于"安全容量"的安全规划方法。方法的技术路线图如图 6.2 所示。

6.2.2　化工园区安全规划的主要内容

基于"安全容量"的化工园区安全规划技术路线图如图 6.2 所示，主要包括以下几方面内容：

① 明确园区布局，规划安全功能区

首先，应明确园区整体规划布局，在此基础上对化工园区进行安全功能区的划分。明确园区布局需要考虑化工园区总规划、化工园区总平面布置、化工园区人口分布、化工园区基础设施情况、公用工程、道路规划等[136]。然后，根据化工园区安全功能区划分原则和方法，将化学工业园区划分成为企业生产区、仓储区、储罐区、办公及生活区和交通枢纽区五个区域。

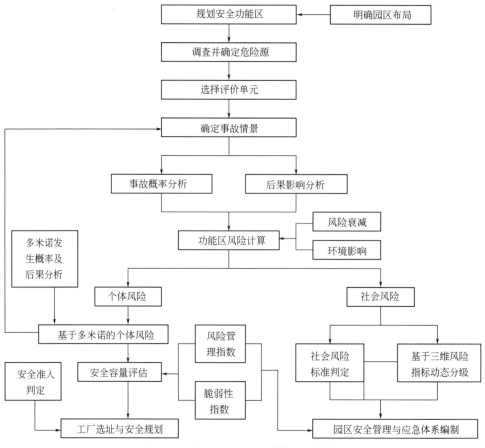

图 6.2　化工园区安全规划技术路线图

Fig. 6.2　The technology roadmap of safety planning on Chemical Industrial Park

② 化工园区危险有害因素分析

首先，应收集园区入驻企业相关资料，调查分析园区内企业的危险有害因素。然后，对于有可能发生重大事故和重大危险源等高危单元进行筛选和排序，确定需要定量风险分析的高危单元和事故场景。

③ 定量与定性评价

a）法律法规符合性评价

化工园区安全规划必须符合国家的法律法规，应根据相关的法律法规、标准规范等编制安全检查表，并结合工作人员现场调研和安全专家的现场考察，对化工园区内的企业布局进行符合性评价[136]。

b）危险源定量风险分析

在危险源调查的基础上，进行危险源定量风险分析：首先是确定危险源的事故情景，其次对假定事故情景发生的可能性进行分析，可以通过事故树法、事件树法、贝叶斯网络法等定量风险分析方法计算事故情景发生的概率。然后，可以使用事故影响范围法分析（热辐射、超压、中毒等）事故后果，确定事故的影响范围和发生事故后人体的死亡概率。最后，通过事故概率和死亡概率计算化工园区内企业的该事故风险。

　　c）功能区整体的风险分析

　　在上述危险源定量风险分析后，进行区域风险分析，通过风险叠加方法得出整个功能区的风险分布图，并计算个人风险和社会风险，画出个人风险等值线和社会风险 $F\text{-}N$ 图。

　　④ 多米诺效应分析

　　选取化工园区发生重大事故概率较高的事故作为初始事故，对初始事故进行事故后果分析，然后选择二次事故的目标，同时预想可能发生的多米诺场景。初始事故的后果影响，可以利用相应的事故后果模型计算，分析热辐射、超压和飞溅碎片是否会导致二次目标也发生事故。若导致多米诺事故发生，在区域整体风险评估中应加入多米诺事故的风险值。

　　⑤ 计算风险管理指数和脆弱性指数

　　本书第 5 章构建了风险管理水平和脆弱性程度的评价指标体系，研究了它们的计算方法。这两个安全指数既是安全容量评估模型的重要参数，也能分别反映园区风险管理水平和脆弱性程度的状况，为园区整体安全管理和建立健全的应急救援体系提供依据。

　　⑥ 安全容量评估

　　安全容量是指在化工园区正常的生产生活中，符合国家区域可接受风险标准条件下，园区能容纳的最大风险量。通过计算园区内的整体风险总量，根据本书在第 4 章提出的安全容量评估模型判定园区的风险是否在可承受范围内。可分别计算固有风险安全容量、现实风险安全容量和剩余安全容量。固有和现实的安全容量可评估园区风险承受程度，而剩余安全容量可表明园区还可承受的风险指标，为后续安全准入提供依据。

　　⑦ 园区风险动态分级

　　本书利用化工园区安全容量基本理论，建立化工园区三维风险分级模型，从化工园区的剩余安全容量指数（SCI）、安全管理指数（RMI）及脆弱性指数（VI）三个维度考虑园区风险，对整个化工园区进行快速分级，对政府风险监管和园区风险预警提供有力依据。详细方法介绍见 4.4 章。

　　⑧ 化工园区安全规划

　　根据定量风险评价和安全容量分析分别画出化工园区整体风险分布图和剩余安全容量分布图，结合园区的总体规划，给出园区内新建项目选址和布局等方面的对策措施；根据园区风险管理指数和脆弱性指数，给出园区安全管理、安全投入方面的规划建议；同时研究园区安全管理模式，建立适合于该化工园区实际情况的安全管理模式与方法[131]。

⑨ 企业安全准入

化工园区的安全准入是指从园区的区域风险和功能区划的要求出发，以保证园区内人员、设施和环境的安全为目标，对化工园区安全容量进行核算，对入园的生产企业进行优选的标准[137]。本书在 6.3 节提出基于"安全容量"的化工园区安全准入模型，包括：园区现实安全容量评估、入驻企业风险评估、企业进入后的安全容量评估等几个步骤。

6.3 化工园区的安全准入程序

化工园区的安全准入是指从园区的区域风险和功能区划的要求出发，以保证园区内人员、设施和环境的安全为目标，对化工园区安全容量进行核算，对入园的生产企业进行优选的标准[137]。化工园区区域安全准入的实施，可以把入驻企业分为鼓励、限制和禁止三类，指导整个化工园区的产业布局和平面布局，防止化工园区一味为了经济发展而无视重大风险，控制整个化工园区无限扩大企业数量和规模，避免盲目、无序的发展状况。化工园区的安全准入应与化工园区的剩余安全容量情况紧密相连，只有在安全容量允许的情况下，相关企业才可以准入。

6.3.1 安全准入的判定原则

准入企业的判定既要充分辨识和量化新企业本身所存在的风险大小，还要考虑进入园区后对周边企业和对化工园区整体风险的影响。因此，化工园区企业安全准入的判定需要遵循以下几个原则[138]：

① 系统性原则

入驻后的企业是化工园区的一部分，和整个化工园区系统都是相互联系、相互作用的。因此，对准入企业的评判，不仅要考虑准入企业自身的风险，更要考虑其对周边企业和化工园区整体的影响。这点可以用安全容量分析和剩余安全容量来解决。

② 针对性原则

准入企业存在的风险很多，可能发生的事故类型也多种多样。对准入企业进行安全准入判定的时候，应该主要选取能发生重大事故的，能产生严重后果的单元重点分析，使安全准入判定主次分明，方便操作和决策。

③ 叠加性原则

化工园区内企业众多，且相对比较集中，一旦发生重大事故，很有可能造成多米诺事故引起二次事故。而且企业周边高风险区域重合较多，因此在评估某区域风险时应对该区域所有风险进行叠加后进行判断，是判定更加客观、准确。

6.3.2　安全准入的判定程序

化工园区安全准入从化工园区的安全容量入手，从园区的剩余安全容量角度，对化工园区进行区域定量风险分析，得出园区的剩余安全容量。结合园区剩余安全容量的状况，判定园区是否还能承受更多风险。对准入企业的风险评估主要是法律法规和标准规范的符合性、个人风险和社会风险以及多米诺效应分析三个方面。通过企业进驻后的再次安全容量评估，判断企业入驻是否为园区可承受范围，超出承受极限需要进行采取降低风险的措施，直至达到风险容许范围。具体模型见图 6.3。

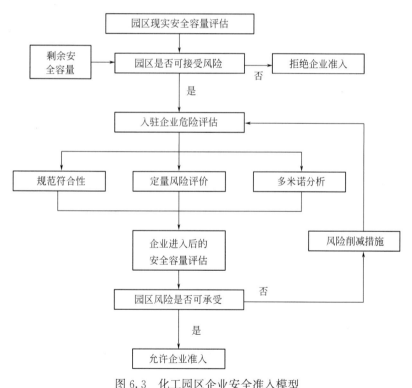

图 6.3　化工园区企业安全准入模型

Fig. 6.3　Safety access model of Chemical Industrial Park

（1）园区现实安全容量评估

根据本书第 4.3 节的现实安全容量评估模型，计算园区现有总风险和现实安全容量，并得出现有的园区剩余安全容量。若剩余安全容量大于 0 且高于现实安全容量20%以上，表明园区风险远未到达承受极限，可鼓励入驻新企业；若剩余安全容量大于0但在现实安全容量20%以内，表明园区风险进入高危阶段但仍可承受，可有条件入驻新企业；若剩余安全容量小于等于0，则表明园区风险已达到或超过承受极限，不能允许入驻新企业。

（2）入驻企业风险评估

若园区风险未达到承受极限，应对准入企业进行风险评估。首先，对准入企业进行国家有关法律法规和标准规范符合性审查。其次，对该企业有可能发生的重大事故进行定量风险分析，计算个人风险和社会风险。然后，考虑事故后果是否可能引发多米诺效应，进行相关风险计算。最后把各种风险相叠加，依据国家有关判定其风险是否可接受。

（3）企业入驻后的安全容量评估

加入新企业后重新对园区剩余安全容量进行计算，查看是否超出园区现实安全容量。若未超出则允许准入企业入驻，若超出则需对准入企业进行风险削减措施，直到企业入驻后不超出园区现实安全容量。风险削减的措施包括：优化企业选址和布局、选择先进生产工艺、减小企业规模、增加安全防护装置等。

6.4 本章小结

本章通过对化工园区安全规划和安全准入判定的研究，得到以下主要结论：

（1）基于化工园区安全监管整个过程，总结了化工园区安全规划的目的、原则，提出基于"剩余安全容量"的化工园区整体安全规划技术方法。

（2）提出了化工园区安全准入的判定程序模型，步骤分别是园区现实安全容量评估、入驻企业风险评估、企业入驻后的安全容量评估。

第7章　结论

7.1　主要研究结论

本书将系统安全理论与定量风险评价理论有效融合，从化工园区风险及脆弱性分析、空间风险场及多米诺效应研究、化工园区安全容量研究、风险管理指数和脆弱性指数研究、化工园区安全规划研究等方面深入研究了化工园区系统安全理论。得出结论如下：

（1）本书引入风险场和脆弱性概念，结合灾害学原理，探讨了风险分析与脆弱性分析之间的关系，要科学认识事故影响，应将承灾体与风险研究相结合，其重要桥梁就是脆弱性分析。而化工园区脆弱性主要通过园内人员、设施、环境三类承灾体与意外释放能量接触所表现出来。

（2）将三维定量风险和场理论相结合，得出化工园区重大事故风险场计算模型，对风险强度场的概念和计算模型进一步分析，得出风险强度场的通量和散度数学表达式及其物理意义。风险强度场的通量可以表示产生风险强度场的源头的大小，也即风险源场总风险的大小。风险强度场的散度表示场中 M 点处通量对体积的变化率，若 M 点在风险源场内，则其散度可表示风险源场单位体积风险的大小，称为风险源场的强度。

（3）通过对安全容量定义及其内涵的研究，本书认为对安全容量的度量，应当采用定量风险值作为度量表征。原因是安全容量要限制的不是危险物质的数量，也不是各类安全指标，而是危险物质重大事故的风险水平。定义了固有安全容量和现实安全容量的概念，提出剩余安全容量，构建了化工园区安全容量评估模型，该模型不但可以为园区安全规划提供技术支撑，也从固有风险、现实风险、允许风险等多个角度完善了化工园区安全容量的理论体系。

（4）建立了化工园区安全管理和脆弱性的评估指标体系。安全管理体系从法律法规、整体规划、风险管理等八个方面进行分析，既注重宏观政策把控，又注重现场风险管理；脆弱性体系从人员、设施和环境三个方面进行分析，能全面反映化工园区脆弱性水平。两个体系不但可以为定性定量综合评估化工园区安全管理和脆弱性水平提供依据和数据支撑，也为建立现实安全容量评估模型奠定基础。

（5）为了对化工园区整体安全水平进行分级，提出了基于三维风险指标的化工园区动态分级模型，该模型从剩余安全容量、风险管理指数和脆弱性指数三个角度进行评估，能够更全面、更真实的反映化工园区安全水平，其结果可作为园区安全监管部门分级管理和园区安全预警的依据。

（6）通过研究化工园区整个建设周期，确立了化工园区整体安全规划的技术方法，基于安全容量的方法可以将各种不同类型的危险转化为相同的风险指标，通过安全容量不仅可以判定园区规划是否合理，也可以对企业安全准入进行判定，因此更适用于大范围、高密度的区域安全规划。

7.2 本书的主要创新点

以化工园区建设运行过程中可能发生的重大事故（灾难）和事件预测、防范与控制为视角，将区域定量风险评价理论与系统安全理论有效融合，在化工园区风险场及多米诺效应、化工园区安全容量、化工园区安全指数、化工园区安全规划和安全准入等四个方面取得了创新成果。具体创新点如下：

（1）提出了化工园区风险源场、个人风险场和社会风险场等概念并给出了相关数学表达式。在此基础上，基于风险场理论进一步分析风险强度场及其通量和散度，给出了数学表达式，并得出风险强度场的通量可以表示产生风险强度场的源头的大小，也即风险源场总风险的大小。风险强度场的散度表示场中 M 点处通量对体积的变化率，若 M 点在风险源场内，则其散度可表示风险源场单位体积风险的大小，称为风险源场的强度。通过对风险场各物理量的研究，将传统的二维平面风险表征量转化为三维空间风险表征量，填补以往区域定量风险评价对空间风险认识的不足，也为日益向高大巨大发展的化工设备设施风险评价提供一定理论依据。

（2）引入了化工园区风险安全容量的概念，研究了化工园区安全功能区的划分和分类以及对应的风险可接受程度。提出了固有安全容量、现实安全容量和安全剩余容量的概念，并分别给出了数学表达式。结合上述数学表达式，建立了化工园区安全容量的量化评估模型。该模型的建立有以下几个功能：一是可以明确化工园区的风险承载能力；二是可以评估是否还能承担进驻企业的风险；三是可以搞清园区内的安全整体水平是否达到高危预警，四是为园区整体安全水平动态分级提供重要依据。本书还提出了基于安全剩余容量、风险管理指数和脆弱性指数三维风险指标的化工园区安全水平动态分级模型为化工园区实施区域风险评估和安全规划提供重要指导。

（3）提出化工园区风险管理指数和脆弱性指数概念，并分别建立了两个安全指数的评价指标体系，对两个安全指数的各评价指标的选取和量化做了详细的分析。化工园区风险管理指数和脆弱性指数是评估化工园区整体风险管理水平和脆弱性程度的指标。该两个安全指数的提出为全面、完整评估化工园区安全运行现实水平，并发现化工园区在安全上的薄弱环节提供了依据，具有重要的实用价值。

（4）构建了基于风险安全容量的"化工园区整体安全规划"技术方法；提出了化工园区现实安全容量评估、入驻企业风险评估和企业入驻后园区安全容量评估等安全准入判定程序。化工园区整体安全规划技术方法和化工园区安全准入判定程序是园区安全管理体系的重要组成部分，其能够更好地为园区企业安全布局和土地利用规划提供有力依据，也为预测化工园区未来安全发展趋势奠定了基础。

7.3　不足与展望

（1）化工园区安全涉及面广、影响因素多，是一个错综复杂的系统工程。基于作者研究专长和时间问题，本书仅对化工园区中最重要的火灾和爆炸进行定量风险评价研究，未涉及中毒事故、道路运输安全、生态环境安全等，有待进一步扩展。

（2）应用研究中鉴于调研数据的局限性，未对整个沈阳市化工园区进行安全运行水平评估和安全容量评估，仅选其一个典型区域进行了详细调研和应用研究，存在一定局限性。

（3）关于"空间风险场"相关理论，仅仅给出了总体的理论计算模型，未对每一种事故的具体计算模型进行深入研究，下一步还有很多工作可以深入开展。

参考文献

1. 钱伯章. 世界化工园区发展现状 [J]. 现代化工，2005，25（2）：63-69.

2. 钱伯章. 世界化工园区近期发展巡礼 [J]. 中国石油和化工经济分析，2006，05：59-65.

3. 侣庆民. 化工园区区域定量风险评价模式研究 [D]. 沈阳：东北大学，2008.

4. 顾宗勤. 我国化工园区的建设和发展 [J]. 国际石油经济，2004，12（6）：52-55.

5. 吴昉. 化工园区安全规划研究 [D]. 北京：首都经济贸易大学，2008.

6. 朱和. 世界化工园区的百年之路 [J]. 中国石油石化，2006，（9）：24-25.

7. 赵永泉. 我国化工园区管理模式及产业发展模型探析 [J]. 中国石油和化工经济分析，2011，（3）：54-57.

8. 中国化工园区行业前景规划及投资可行性研究报告 [D]. 北京：中国石油和化学工业联合会，2014.

9. 许铭，多英全，吴宗之. 化工园区安全规划发展历史回顾 [J]. 中国安全科学学报，2008，18（8）：140-149.

10. 白瑞. 化工园区安全发展之路 [J]. 现代职业安全，2012，（8）：28-29.

11. 杨玉胜. 基于安全规划的典型石油化学工业事故原因分析 [J]. 中国安全生产科学技术，2008，（2）：122-123.

12. 周德红. 化学工业园安全规划与风险管理研究 [D]. 武汉：中国地质大学，2010.

13. William Keller, Mohammad Modarres. A historical overview of probabilistic risk assessment development and its use in the nuclear power industry: a tribute to the late Professor Norman Carl Rasmussen [J]. Reliability Engineering and System Safety, 2005, 89（3）：271-285.

14. TNO Yellow Book. Methods for the calculation of physical effects; Resulting from releases of hazardous materials (liquids and gases) [M]. Directorate General of Labour, CPR 14E, third edition, Voorburg, 1997.

15. TNO Green Book, Methods for the determination of possible damage to people and objects resulting from releases of hazardous materials [M]. Directorate General of Labour, CPR 16E, Voorburg, 1992.

16. TNO Red Book, Methods for determining and processing probabilities [M]. Directorate General of Labour, CPR 12E, Voorburg, 1988.

17. TNO Purple Book, Guidelines for Quantitative Risk Assessment [M]. Directorate General of Labour, CPR 18E, Voorburg 1999.

18. B. J. M. Ale. Risk assessment practices in the Netherlands [J]. Safety Science, 2002, 40（1-4）：105-126.

19. Bruno Cahen. Implementation of new legislative measures on industrial risks prevention and control in urban areas [J]. Journal of Hazardous Materials, 2006, 130（3）：293-299.

20. 吴宗之，多英全，魏利军等. 区域定量风险评价方法及其在城市重大危险源安全规划中的应用 [J]. 中国工程科学，2006，8（4）：46-49.

21. Shahid Suddle，BenAle. The third spatial dimension risk approach for individual risk and group risk inmultple use of space [J]. Journal of Hazardous Materials，2005，A123：35 -53.

22. 黄沿波，梁栋，康雅乔等. 风险的三维评价方法 [J]. 自然灾害学报，2010，19（3）：88-93.

23. 黄沿波，李剑锋，张斌等. 基于风险场的评价理论研究 [J]. 中国安全生产科学技术，2008，4（6）：101-105.

24. 王妤甜，庄稼捷. 城市三维风险场的数学描述 [J]. 科技创新导报，2009，10：222-23.

25. 师立晨. 化工园区安全容量辨析 [J]. 中国安全生产科学技术，2013，9（7）：60-61.

26. 河南省安全生产委员会：河南省化工园区（集聚区）风险评价与安全容量分析导则（试行）（豫安委 [2011] 6 号）.

27. 湖北省安全生产监督管理局：湖北省化工园区整体性安全风险评价导则（鄂安监发 [2012] 230 号）.

28. 谢优贤，吴超. 安全容量原理的内涵及其核心原理研究 [J]. 世界科技研究与发展，2016，38（4）：739-743.

29. 余斌斌，胡汉华，付瑞霞. 安全容量原理及其量化研究 [J]. 中国安全科学学报，2015，25（10）：3-8.

30. 陈晓董，多英全. 化工园区安全容量分析探讨 [J]. 中国安全生产科学技术，2009，5（2）：10-13.

31. 陈晓董，师立晨，刘骥等. 化工园区安全风险容量探讨 [J]. 中国安全科学学报，2009，19（3）：132-137.

32. 谭小群. 基于风险的化工园区安全容量评估模型及应用研究 [D]. 广州：华南理工大学，2011.

33. 李传贵，巫殷文，刘建等. 化工园区安全容量计算模型研究 [J]. 中国安全生产科学技术，2009，5（3）：25-29.

34. 叶明珠. 基于安全相关性系数的化工园区企业布局方式研究 [D]. 沈阳：沈阳航空航天大学，2011.

35. WVD. Guide to hazardous industrial activities [S]. Fire Service Directorate，Prov. Sth. Holland，The Hague，The Netherlands. 1998.

36. WVD，1988b，Enclosures to be used in conjunction with the Guide to hazardous industrial activities [S]. Fire Service Directorate，Prov. Sth. Holland，The Hague，The Netherlands. 1998.

37. Code de l' environnement，livre V. Titre 1er [S]. (Loi no. 1976- du 19 juillet 1976 modifiée)，19/07/76，1976.

38. Loi no. 2003-699 du 30 juillet 2003 relativeála prévention desrisques technologiques et naturels etála réparation des dommages [S]. JO 31/07/03，2003.

39. The Directive on Major Hazards [S]. European European Union Directives 82/5OIIEEG (Pb EG 1982，L 230)，1982.

40. The SEVESO Directive [S]. 87/2I6IEEG (Pb EG 1987, L85), 1987.

41. COUNCIL DIRECTIVE 96/82/EC [S]. Official Journal of the European Union L010/97, 1996.

42. HSE's Current Approach to Land Use Planning (LUP): Policy and Practice [R]. Health and Safety Executive, UK, 1989.

43. Health and Safety Executive (HSE), Risk criteria for land use planning in the vicinity of major industrial hazards [S]. Health and Safety Executive, UK, 1989.

44. CCPS (Centre for Chemical Process Safety, American Institute of Chemical Engineering,). Guidelines for chemical process quantitative risk assessment [M]. New York: 1989.

45. CCPS (Center for Chemical Process Safety of the American Institute of Chemical Engineers), Guidelines for Facility Siting and Layout [M]. New York: 2003.

46. Ministry for the Environment, Land Use Planning Guide for Hazardous Facilities-A resource for local authorities and hazardous facility operators [M]. Wellington, New Zealand, ISBN: 0-478-24053-8, 2002.

47. M. Smeder, M. Christou, S. Besi, Land Use Planning in the Context of Major Accident Hazards—An Analysis of Procedures and Criteria in Selected EU Member States [R]. Report EUR 16452 EN, Institute for Systems, Informatics and Safety, JRC Ispra, October 1996.

48. ADG. Australian code for the transport of dangerous goods by road and rail (6th ed.) [M]. Vol. 1, 2. ISBN O-642255547, Canberra. 1998.

49. Major Industrial Accidents Council of Canada, Hazardous Substances Risk Assessment: A Mini-Guide for Municipalities and Industry [R]. ISBN 1-895858-06-2, MIACC, Ottawa, 1994.

50. J. P. Gupta. Land use planning in India [J]. Journal of Hazardous Materials, 2006, 130 (3): 300-306.

51. AN Yelokhin et al. The criteria of acceptable risk in Russia [C]. SRA-Europe 1997 Conference, 1997: 349-352.

52. 魏利军, 多英全, 于立见等. 化工园区安全规划方法与程序研究 [J]. 中国安全科学学报, 2007, 17 (9): 45-51.

53. 吴宗之, 多英全, 魏利军. 区域定量风险评价方法及其在城市重大危险源安全规划中的应用 [J]. 中国工程科学, 2006, 8 (4): 46-49.

54. 崔向梅. 化工园区安全规划方法及应用 [D]. 沈阳: 东北大学, 2010.

55. 王犇. 化工企业评价中多米诺效应的研究与应用 [D]. 沈阳: 沈阳航空航天大学, 2010.

56. CPS. Guidelines for Chemical Process Quantitative Risk Analysis, Ⅱ ed, AIChE [M]. New York, 2000.

57. Khan F I, Abbasi S A. DOMIFFECT (Domino Effect): user-friendly software for domino effect analysis [J]. Environmental Modelling & Software, 1998, 13 (2): 163-177.

58. 陈国芳. 化学工业园区危险性研究 [D]. 沈阳: 东北大学, 2003.

59. 吴丹. 化学工业园区重大危险源分级及应急资源评估 [D]. 沈阳: 东北大学, 2005.

60. 戴雪松. 重大事故多米诺效应研究 [D]. 沈阳：东北大学，2005.

61. 鲜于小东. 危险化学品储罐区重大事故的多米诺效应研究 [D]. 沈阳：东北大学，2007.

62. 王艳华，戴雪松，鲜鱼小东等. 化学工业重大事故的多米诺效应分析 [J]. 中国安全科学学报，2008，18（5）：129-136.

63. 陈国华，张新梅. 重大危险源区域风险评价及监管对策 [J]. 安全与环境学报，2007，7（3）：132-133.

64. 陈国华，张静，张晖等. 区域风险评价方法研究 [J]. 中国安全科学学报，2006，16（6）：112-117.

65. Michalis D. Christou，Aniello Amendola，Maria Smeder. The control of major accident hazards：The land-use planning issue [J]. Journal of Hazardous Materials，1999，65（1-2）：151-178.

66. J. P. Tack，Tractebel，A comparison of the land-use planning practices followed in the UK and France [R]. Presentation of interim results at a seminar held at the JRC，Ispra，June 1995.

67. S. Contini，A. Amendola，I. Ziomas. Benchmark Exercise on Major Hazard Analysis Vol. 1 Description of the Project，Discussion of the Results and Conclusions [R]. EUR 13386 EN，1991.

68. A. Amendola，S. Contini，I. Ziomas. Uncertainties in chemical risk assessment：results of a European benchmark exercise [J]. Hazardous Materials，1992，29（3）：347-363.

69. Secretary of State to the French Prime Minister for the Environment and the Prevention of major technological and nature risks. Control of Urban Development around High-Risk Industrial Sites [R]. October 1990.

70. Aniello Amendola. Recent paradigms for risk informed decision making [J]. Safety Science，2001，40（1-4）：17-30.

71. 刘茂. 事故风险分析理论与方法 [M]. 北京，北京大学出版社，2011：2-3.

72. 郑玉钱. 基于风险的化工园区安全评价方法及应用研究 [D]. 大连：大连交通大学，2008.

73. 高建明，王喜奎，曾明荣. 个人风险和社会风险可接受标准研究进展及启示 [J]. 中国安全生产科学技术，2007，3（3）：29-34.

74. 多英全，魏利军，罗艾民等. 定量风险评价程序初探 [J]. 中国科技信息，2007，24：330-331.

75. 国家安全生产监督管理总局监管三司. 危险化学品生产、储存装置个人可接受风险标准和社会可接受风险标准（试行）解读 [J]. 安全，2014，11：57-60.

76. 李莉，王晓婷，王辉. 脆弱性内涵、评价与研究趋势综述 [J]. 中国渔业经济，2010，28（3）：161-169.

77. 李鹤，张平宇，程叶青. 脆弱性的概念及其评价方法 [J]. 地理科学进展，2008，27（2）：18-25.

78. 吴宗之，高进东. 重大危险源辨识与控制. 北京：冶金工业出版社，2004.

79. 谭朝阳. 化工园区脆弱性综合评估方法研究 [D]. 天津：南开大学，2012.

80. OlivierSalvi, Bruno Debray. A global view on ARAMIS：a risk assessment methodology for industries in the framework of the SEVESO II directive [J]. Journal of Hazardous Materials，2006，130（3）：187-199.

81. Valérie de Dianous, Cécile Fiévez. ARAMIS project：A more explicit demonstration of risk control through the use of bow-tie diagrams and the evaluation of safety barrier performance [J]. Journal of Hazardous Materials，2006，130（2）：220-233.

82. J. Tixier, A. Dandrieux, G. Dusserre, et al. Environmental vulnerability assessment in the vicinity of an industrial site in the frame of ARAMIS European project [J]. Journal of Hazardous Materials，2006，130（2）：251-264.

83. 张斌，赵前胜，姜瑜君. 区域承灾体脆弱性指标体系与精细量化模型研究. 灾害学，2010（2）：36-40.

84. 李凤英，毕军，曲常胜等. 环境风险全过程评估与管理模式研究及应用. 中国环境科学，2010，30（6）：858-864.

85. 罗敏. 高速公路气体化学品运输污染事故应急救援信息系统 [D]. 南京：东南大学，2005.

86. 许文. 化工安全工程概论 [M]. 北京，化学工业出版社，2002：16-21.

87. GB13690-2009，化学品分类和危险性公示 通则 [S]. 全国危险化学品管理标准化技术委员会，北京，2009.

88. GB18218-2009，危险化学品重大危险源辨识 [S]. 全国安全生产标准化技术委员会化学品安全标准化分技术委员会，北京，2009.

89. 国家安全监督管理总局. 危险化学品重大危险源监督管理暂行规定，2011.

90. 刘劲涛. DL炼化公司的安全评价应用研究 [D]. 天津：天津大学，2007.

91. 郭志峰，赵勇芳. 环境影响评价中事故风险评价的初步探讨 [J]. 环境科学与管理，2005，30（5）：98-99.

92. 黄沿波等. 基于风险场的评价理论研究 [J]. 中国安全生产科学技术，2008，4（6）：101-103.

93. 谢树艺. 矢量分析与场论 [M]. 北京，高等教育出版社，1990.

94. 黄沿波，李剑峰，张斌等. 风险的三维评价方法 [J]. 自然灾害学报，2010，19（3）：88-89.

95. AQ/T 3046-2013，化工企业定量风险评价导则 [S]. 北京，2013.

96. 刘家喜，许开立，亢永等. 基于BN-LOPA方法的石化装置风险评价 [J]. 安全，2015（4）：34-37.

97. 刘家喜，许开立，汤规成. 基于BN-bow-tie方法的火灾爆炸事故研究 [J]. 现代职业安全，2016（4）：91-93.

98. 张连文，郭海鹏. 贝叶斯网引论 [M]. 北京：科学出版社，2006，35-36.

99. COZZANI V，GUBINELLI G，ANTONIONI G，et al. The assessment of risk caused by domino effect in quantitative area risk analysis [J]. Journal of Hazardous Materials，2005，127（1/2/3）：14-301.

100. COZZANI V，ANTONIONI G，SPADONI G. Quantitative assessment of dominosce-narios by a GIS-based software tool [J]. Journal of Loss Prevention in the Process Industries，2006，19（5）：463-4771.

101. 张永强，相艳景，毛星等. 多米诺效应的风险分析方法 [J]. 安全与环境学报，2008，8（6）：134-139.

102. 刘艳华. 基于多米诺效应的城市燃气管网事故后果研究 [D]. 成都：西南石油大学，2009.

103. 毛晓杰. 化学工业园区重大危险源的安全监管研究 [D]. 沈阳：东北大学，2008.

104. 马科伟. 基于多米诺效应的区域定量风险评估方法研究 [D]. 浙江：浙江工业大学，2010.

105. 刘丽，徐亚博，刘振翼. 化工事故多米诺效应定量风险评价研究 [J]. 中国安全生产科学技术，2008，4（6）：101-103.

106. LANDUCCIA G，GUBINELLIA G，ANTONIONI G，et al. The assessment of the damage probability of storage tanks in domino events triggered by fire [J]. Accident Analysis and Prevention，2008，1687：1-10.

107. 国家安全生产监督管理总局. 安全评价（上册）[M]. 北京：北京煤炭工业出版社，2011：2-3.

108. 王家华，黄本宇. 油气藏等值线图跟踪和填充算法 [J]. 特种油气藏，2006，13（6）：95-97.

109. 韦美雁，杜丹蕾. 基于规则网格的等值线的生成研究 [J]. 湖南科技学院学报，2007，28（4）：39-41.

110. 翁韬，朱霁平，麻名更等. 城市重大危险源区域风险评价研究 [J]. 中国工程科学，2006，8（9）：80-84.

111. 谢红利. 上海城市安全生产风险指数评价及治理研究 [D]. 上海：华东理工大学，2012.

112. 王丰. 浅谈物资采购的风险管理机制 [J]. 重庆与世界（学术版），2013，30（9）：15-17

113. 李小伟. 道化学火灾、爆炸指数评价法在危化企业安全评价中的应用研究 [D]. 天津：天津理工大学，2008.

114. 罗云等. 风险分析与安全评价 [M]. 北京：化学工业出版社，2015，153-154.

115. 刘强，陈鸣. 英国的重大危险源监管 [J]. 环球安全，2013（7）：109-111.

116. 魏利军，吴宗之. 一种简单可行的危险化学品重大危险源分级方法 [J]. 中国安全科学学报，2009，19（12）：45-50.

117. 刘骥，高建明，关磊等. 重大危险源分级方法探讨 [J]. 中国安全科学学报，2008，18（6）：162-165.

118. 吴宗之. 易燃、易爆、有毒重大危险源评价方法与控制措施 [J]. 中国安全科学学报，1998，8（2）：57-61.

119. 国家安全生产监督管理总局. 危险化学品重大危险源监督管理暂行规定 [L]. 2011-12-01.

120. 赵璟玲, 罗斯达, 宫运华等. 贮罐类重大危险源三维风险分级模型研究 [J]. 中国安全科学学报, 2015, 25 (2): 135-140.

121. 刘家喜. 尾矿库危险性分级 [D]. 沈阳: 东北大学, 2008.

122. AQ/T9006-2010, 企业安全生产标准化基本规范 [S]. 国家安全生产监督管理总局, 北京, 2009.

123. 谭朝阳. 化工园区脆弱性综合评估方法研究 [D]. 天津: 南开大学, 2012.

124. 许树柏. 实用决策方法—层次分析法原理 [M]. 天津: 天津大学出版社, 1988, 1-119.

125. 金菊良, 魏一鸣, 丁晶. 基于改进层次分析法的模糊综合评价模型 [J]. 水利学报, 2004, (3): 65-70.

126. 马农乐, 赵中极. 基于层次分析法及其改进对确定权重系数的分析 [J]. 水利科技与经济, 2006, (10): 3-7.

127. 陈守煜. 系统模糊决策理论与应用 [M]. 大连: 大连理工大学出版社, 1994, 87-89.

128. 许开立. 系统危险性的模糊评价 [D]. 沈阳: 东北大学, 1999.

129. 许开立, 陈宝智。安全等级特征量及其计算方法 [J]. 中国安全科学学报, 1999, 9 (6): 6-12.

130. AQ/T9006-2010 企业安全生产标准化基本规范. 北京: 中国标准出版社, 2010.

131. 朱建军, 吕保和, 童梦凌. 化工园区安全标准化管理体系的探讨 [J]. 工业安全与环保, 2013, 39 (5): 35-40.

132. 李传贵, 刘艳军, 刘建等. 基于化工园区整体风险量分析的安全规划研究 [J]. 中国安全科学学报, 2009, 19 (6): 116-121.

133. 田峰. 化工园区消防安全规划 [J]. 化学工业, 2007, 25 (8): 29-34.

134. 杨春生. 化工园区安全规划方法和内容研究 [J]. 中国安全生产科学技术, 2014, 10 (3): 85-89.

135. 许铭, 多英全, 吴宗之. 化工园区安全规划发展历史回顾 [J]. 中国安全科学学报, 2008, 18 (8): 140-149.

136. 魏利军, 多英全, 于立见等. 化工园区安全规划主要内容探讨 [J]. 中国安全生产科学技术, 2007, 3 (85): 16-19.

137. 李保良, 赵东风, 孟亦飞. 化工园区安全准入理论框架探讨 [J]. 中国安全生产科学技术, 2011, 7 (8): 159-163.

138. 彭鹏. 基于风险的化工园区企业准入模型研究 [D]. 山东: 中国石油 (华东) 大学, 2013.